독자의 1초를
아껴주는 정성을
만나보세요!

세상이 아무리 바쁘게 돌아가더라도 책까지 아무렇게나 빨리 만들 수는 없습니다.
인스턴트 식품 같은 책보다 오래 익힌 술이나 장맛이 밴 책을 만들고 싶습니다.
땀 흘리며 일하는 당신을 위해 한 권 한 권 마음을 다해 만들겠습니다.
마지막 페이지에서 만날 새로운 당신을 위해 더 나은 길을 준비하겠습니다.

길벗 IT 도서 열람 서비스

도서 일부 또는 전체 콘텐츠를 확인하고 읽어볼 수 있습니다.
길벗만의 차별화된 독자 서비스를 만나보세요.

더북(TheBook) ▶ https://thebook.io

더북은 (주)도서출판 길벗에서 제공하는 IT 도서 열람 서비스입니다.

59가지 통계학 궁금증 완전 정복
Complete Conquest of 59 Statistical question

초판 발행 • 2025년 5월 12일
초판 2쇄 발행 • 2025년 8월 27일

지은이 • 황성원
발행인 • 이종원
발행처 • (주)도서출판 길벗
출판사 등록일 • 1990년 12월 24일
주소 • 서울시 마포구 월드컵로 10길 56(서교동)
대표 전화 • 02)332-0931 | **팩스** • 02)322-0586
홈페이지 • www.gilbut.co.kr | **이메일** • gilbut@gilbut.co.kr

기획 및 책임편집 • 이다빈(dabinlee@gilbut.co.kr) | **편집** • 이다빈 | **표지·본문 디자인** • 최주연
제작 • 이준호, 손일순, 이진혁 | **마케팅** • 임태호, 전선하, 박민영, 서현정, 박성용
유통혁신 • 한준희 | **영업관리** • 김명자 | **독자지원** • 윤정아
교정교열 • 김윤지 | **전산편집** • 박진희 | **CTP 출력 및 인쇄** • 금강인쇄 | **제본** • 경문제책

▶ 이 책은 저작권법의 보호를 받는 저작물로 이 책에 실린 모든 내용, 디자인, 이미지, 편집 구성은 허락 없이
  복제하거나 다른 매체에 옮겨 실을 수 없습니다.
▶ 인공지능(AI) 기술 또는 시스템을 훈련하기 위해 이 책의 전체 내용은 물론 일부 문장도 사용하는 것을 금지합니다.
▶ 잘못 만든 책은 구입한 서점에서 바꿔 드립니다.

© 황성원, 2025

ISBN 979-11-407-1456-8   93000
(길벗 도서코드 080234)

정가 24,000원

독자의 1초를 아껴 주는 정성 길벗출판사

(주)도서출판 길벗 | IT단행본&교재, 성인어학, 교과서, 수험서, 경제경영, 교양, 자녀교육, 취미실용   www.gilbut.co.kr
길벗스쿨 | 국어학습, 수학학습, 주니어어학, 어린이단행본, 학습단행본   www.gilbutschool.co.kr

페이스북 • www.facebook.com/gbitbook

데이터 분석가가 궁금해 할 통계의 모든 것

59가지 통계학
궁금증 완전 정복

황성원 지음

길벗

추천사

수학을 전공하면서 통계의 기초가 얼마나 중요한지 깊이 느껴 왔고, 그만큼 이를 쉽게 전달하는 일 또한 매우 중요하다는 것을 잘 알고 있습니다. 그래서 이번 검수 과정에 참여하며, 중요한 기초 개념들을 보다 쉽게 풀어낼 수 있도록 돕고자 했습니다. 통계가 마냥 어렵게 느껴지지 않기를 바라며, 더 많은 분이 부담 없이 통계를 접하고 배워 나갈 수 있었으면 합니다.

강경모_빅데이터응용학 석사

데이터 관리와 분석 업무를 수행하며, 실무에서 통계학 지식이 얼마나 중요한지 매일 실감했습니다. 현장에서 데이터를 다루며 이론적으로 배운 통계 지식들이 어떻게 활용되는지 직접 경험했으며, 그 과정에서 저와 같은 실무자들이 겪는 어려움과 필요한 지식이 무엇인지를 깊이 고민했습니다. 이러한 계기로 검수 과정에 참여하게 되었고, 저에게도 큰 성장의 시간이 되었으며, 통계 지식을 더 넓고 깊게 쌓을 수 있었습니다. 이번 경험으로 통계학이 단순한 숫자의 나열이 아닌 의사 결정을 돕고 문제를 해결하는 강력한 도구임을 다시금 느꼈고, 앞으로도 더 많은 경험과 지식을 나누고 싶다는 열정을 가지게 되었습니다.

신동혁_아주대학교 만성뇌혈관질환 바이오뱅크 연구원

연구 과정에서 데이터를 다루는 일이 많아지면서 통계 기초를 더욱 탄탄히 다질 필요성을 절실히 느꼈습니다. 연구에 활용되는 통계 값과 통계 용어들을 정확히 이해하기 위해 비전공자로서 여러 기초 통계 책들을 접해 보았지만, 여전히 혼란스럽거나 지나치게 얕은 수준의 설명만 담긴 경우가 많아 오히려 궁금증이 더 쌓였습니다. 그래서 이러한 책이 나오길 오래전부터 기다려 왔습니다.

성민경_생명정보학 박사

통계 조사 실무와 데이터 분석 업무를 담당하면서 통계를 대중의 시선과 눈높이에 맞추어 전달하는 것이 얼마나 중요한지 절감하게 되었고, 그런 이유로 이번 검수 작업에 참여했습니다. 수학 교육을 전공할 때는 학생의 눈높이에 맞추어 개념을 전달하는 것의 중요성을 배웠다면, 이후 통계학을 복수 전공하고 실무를 경험하면서는 데이터 속 숫자 너머에 숨어 있는 통계적 인사이트를 이해하는 것이 무엇보다 중요함을 깨달았습니다. 이 책으로 독자들이 수리적인 기초는 물론, 다양한 통계적 인사이트를 자연스럽게 체득하고 통계의 실질적인 효용을 느낄 수 있길 바랍니다.

임대현_통계청

학생 및 대중이 통계학에 더욱 관심을 갖길 바랐고, 이 책을 보다 제대로 정확히 이해하길 바라는 마음에 참여했습니다. 직장 생활을 하면서 상대방을 논리적으로 설득하거나 이해시키는 데 통계적인 수치가 가장 중요하다는 것을 느꼈습니다. 이 책을 읽으면 통계적인 견문을 넓힐 수 있기에 추천합니다.

장래현_고용노동부 통계 전문위원

이외에 여기 이름은 공개하지 않았지만, 검수 과정에 참여해 주신 모든 분께 다시 한 번 감사의 말씀을 드립니다.

지은이의 말

이 책을 쓰면서 통계학이 단순한 학문을 넘어서 더 큰 가치를 지닌 분야라는 것을 절실히 느꼈다. 통계는 데이터를 통해 세상을 이해하고, 나아가 미래를 예측할 수 있게 하는 강력한 도구다. 특히 인공지능과 빅데이터 시대가 도래하면서 통계학의 중요성은 더욱 커졌다. 데이터 분석의 핵심인 통계적 추론은 인공지능 학습 알고리즘 속에 깊이 자리 잡고 있어서 이 분야를 제대로 이해하려면 통계학이라는 기반은 필수다. 따라서 통계 데이터 분석가는 물론, 인공지능을 다루는 모든 사람이 단순히 도구를 사용하는 데 그치지 않고 그 속에 담긴 의미를 이해하며 더 나은 결정을 내리는 데 이 책이 도움이 되길 바란다.

책을 준비하면서 가장 중점을 둔 부분이 독자가 직관적으로 이해할 수 있게 돕는 것이었다. 복잡한 개념을 최대한 시각적으로 풀어 내고자 그림과 도표를 풍부하게 활용했고, 이것으로 독자들이 통계의 흐름을 한눈에 파악할 수 있도록 노력했다. 수식은 꼭 필요한 경우에는 엄밀하게 설명했지만, 직관만으로도 충분히 전달될 수 있는 부분은 과감히 생략했다.

이 과정에서 다양한 통계 전문가와 비전문가에게서 피드백을 받은 덕분에 학문적 깊이와 실용성을 동시에 담아낼 수 있었다. 또 실제 통계 업무에서 활용하지만 잘 다루지 않는 개념들을 포함시켜 보다 근본적인 부분에 집중하여 통계학의 큰 틀을 이해하는 데 도움이 되도록 구성했다. 단순히 책에서 끝나지 않고 독자와 소통하며 실질적인 배움이 이루어지길 바란다.

다음 저자 블로그와 '그림과학자' 유튜브를 통해 독자와 소통하고 있으며, 책에서 다루지 못한 내용도 자세히 설명하고 있으니 책과 병행해서 공부한다면 더 큰 효과를 느낄 수 있을 것이다.

- **저자 블로그**: https://blog.naver.com/sw4r
- **저자 유튜브**: https://www.youtube.com/@paintingscientist

2025년

황성원

목차

CHAPTER 1 | 통계학을 배우면서 드는 기본적인 궁금증　015

궁금증 01 통계학은 어떤 학문인가? ─────── 016
　　　　　기술 통계　　　　　　　　　　　　　016
　　　　　추론 통계　　　　　　　　　　　　　024

궁금증 02 확률론은 왜 배워야 하는가? ───── 026

궁금증 03 통계학 VS 확률론 ─────────── 027

궁금증 04 머신러닝을 배울 때 왜 등장하는가? ── 032

궁금증 05 상관관계가 있다고 해서
　　　　　인과관계는 아니라는 말이 지닌 통계학적 의미는? ── 034
　　　　　상관관계와 인과관계　　　　　　　　034
　　　　　통계적으로 유의하다는 의미　　　　　037

궁금증 06 인과관계를 평가하려면 어떻게 해야 하는가? ── 039
　　　　　무작위 대조 시험　　　　　　　　　039

궁금증 07 상호 작용 효과를 추가한다는 것의 직관적인 의미는? ── 051

궁금증 08 현재 통계학에서 직면한 챌린지는? ── 055
　　　　　고차원 데이터　　　　　　　　　　　055

궁금증 09 통계 분석에서 차원이란 ──────── 058

궁금증 10 차원(입력 변수에서 특징 수)을 줄이는 방법은? ── 062
　　　　　(1) 데이터에 대한 사전 지식을 활용하는 방법　　062
　　　　　(2) 입력 변수의 특징 간에 상관관계를 파악하는 방법　063
　　　　　(3) 부분집합 선택을 사용하는 방법　　　　　064

중급중 11 전진선택과 후진제거에서 놓칠 수 있는 경우는? ──── 066
       (4) 정규화 기법 사용하기   068

중급중 12 라쏘 VS 릿지 정규화 ──── 071
       (5) 주성분 분석 사용하기   074

중급중 13 중심극한정리 VS 큰 수의 법칙 ──── 078
       큰 수의 법칙   078
       중심극한정리   081

중급중 14 평균을 나타내는 다양한 용어(expectation, mean, average)들은 어떤 차이가 있나? ──── 084
       기댓값   084
       평균(mean)   087
       평균(average)   088

중급중 15 입력 변수의 분산이 너무 작으면 설명력이 없다는 의미는? ──── 089

중급중 16 표준화 VS 정규화 ──── 092
       정규화   092
       표준화   100

중급중 17 정규분포를 따르지 않는 데이터를 정규분포로 변환하려면? ──── 102
       정규성 변환   102

중급중 18 오른쪽으로 왜곡된 분포에 대한 정규성 변환 ──── 104

중급중 19 이미 정규분포를 따르던 샘플 데이터를 무작정 로그 변환하면 어떻게 될까? ──── 108

중급중 20 왼쪽으로 왜곡된 분포에 대한 정규성 변환 ──── 110

중급중 21 분산을 안정화시킨다는 의미는? ──── 112

중급중 22 공분산행렬과 상관행렬이란 ──── 116

CHAPTER 2 | 추론 통계를 배우면서 드는 궁금증   123

궁금증 23 우도 VS 확률 —————————————— 124
  확률   124
  우도   127

궁금증 24 여러 샘플에 대한 우도는 어떻게 계산하나? ————— 131

궁금증 25 이산형 데이터에서 우도를 최대화한다는 것의 직관적 의미는? — 133

궁금증 26 최대우도추정치 계산을 컴퓨터는 어떻게 할까? ————— 138

궁금증 27 이산형 데이터의 최대우도추정치 계산을
     수식적으로 한다면?(feat. 미분) ——————— 140

궁금증 28 우도에 로그를 취하는 이유는? ————————— 141

궁금증 29 연속형 데이터의 최대우도추정치를 수식적으로 계산한다면? — 145

궁금증 30 연속형 데이터에서 우도를 최대화한다는 것의 직관적 의미는? — 150

궁금증 31 사후확률을 최대화한다는 것의 직관적 의미는?(feat. 베이지안) — 155

궁금증 32 샘플링 VS 리샘플링 ————————————— 160

궁금증 33 확률 샘플링의 종류에는 주로 어떤 것들이 있나? ———— 163
  단순 랜덤 샘플링   163
  체계적 샘플링   164
  계층적 샘플링   165

궁금증 34 비확률 샘플링의 종류에는 주로 어떤 것들이 있나? ———— 166
  편의 샘플링   166
  판단 샘플링   167
  눈덩이 샘플링   168

궁금증 35	리샘플링의 종류에는 주로 어떤 것들이 있나?	170
업샘플링과 다운샘플링		170
붓스트랩		173

CHAPTER 3 | 가설 검정을 배우면서 드는 궁금증　175

궁금증 36	가설 검정 VS 최대우도추정 방법	176
궁금증 37	귀무가설 VS 대립가설	179
궁금증 38	p-value라는 숫자가 실제로 의미하는 직관은?	181
직접 계산해 보는 p-value		182
궁금증 39	일표본 t-검정이란	189
일표본 t-검정에서 가설을 세팅하는 방법		189
궁금증 40	이표본 t-검정이란	191
그룹 간 평균 비교하기		191
궁금증 41	일표본 t-검정 VS 이표본 t-검정 VS 분산 분석	194
궁금증 42	짝의 t-검정은 어디에 속하는가?	195

CHAPTER 4 | 회귀 분석을 배우면서 드는 궁금증　197

| 궁금증 43 | 선형 모델을 학습한다는 것은? | 198 |
| 최소제곱법 의미 | | 198 |

중급중 44 관측 값(y) VS 적합한 값(ŷ) — 204
　　관측 값(y) — 204
　　적합한 값(ŷ) — 204

중급중 45 선형 모델에서 최대우도추정치 VS 최소제곱법 — 205

중급중 46 선형 모델의 선형은 무엇을 기준으로 하는가? — 212
　　선형이라는 것은 계수 기준인가? 변수 기준인가? — 212

중급중 47 선형회귀 분석에서 귀무가설은? — 214

중급중 48 편차 VS 오차 VS 잔차 — 216
　　편차 — 216
　　오차 — 216
　　잔차 — 218

중급중 49 표준편차 VS 표준오차 — 220
　　표준편차 — 220
　　표준오차 — 220

중급중 50 다중 선형회귀 VS 다변량 선형회귀 — 223

중급중 51 선형회귀에서 가정하고 있는 것들은? — 226
　　(1) 샘플 데이터는 모집단을 대표해야 한다 — 226
　　(2) 회귀 방정식은 정확하다 — 227
　　(3) 오차들은 서로 상관관계가 없다 — 228
　　(4) 모든 입력 변수 x는 정확히 고정된 값이다 — 228
　　(5) 오차의 분산은 상수 값이다 — 229
　　(6) 오차는 정규분포를 따른다 — 229
　　(7) 입력 변수들은 서로 다중공선성을 가져서는 안 된다 — 231

중급중 52 정량적 데이터 VS 정성적 데이터 — 232

중급	53 정성적 출력 변수를 모델링하는 방법은?	235
중급	54 로지스틱 회귀 분석에서 모델은 어떻게 생겼나?	237
중급	55 분류 문제의 성능 평가를 하는 측정치에는 어떤 것들이 있나?	239

혼동 행렬 240
정확도 242

중급	56 ROC 곡선의 x축 값이 의미하는 것은?	245
중급	57 ROC 곡선의 y축 값이 의미하는 것은?	247
중급	58 정밀도 VS 재현율	255
중급	59 양성과 음성이 불균형한 데이터는 어떻게 평가해야 하나?	257

찾아보기 261

Chapter
1

통계학을 배우면서 드는 기본적인 궁금증

> 궁금증
> 01

통계학은 어떤 학문인가?

통계학을 배우려고 기본 정의들을 찾아볼 때 처음 등장한 가장 큰 카테고리는 바로 **기술 통계**(descriptive statistics)와 **추론 통계**(inferential statistics)다. 처음에는 단순히 관점 차이로만 여겼는데, 통계학을 모두 공부한 뒤로는 이 두 가지 관점만 제대로 이해해도 통계학이 어떤 학문인지 전반적으로 이해할 수 있었다. 즉, 통계학에서 다루는 모든 영역의 문제(회귀 분석, 분산 분석, 최대우도추정 등)는 이 두 가지 관점 내에서 이해할 수 있다. 따라서 기술 통계와 추론 통계를 충분히 학습한다면 어떤 통계 문제에 봉착해도 자신감을 가지고 받아들일 수 있을 것이다. 먼저 기술 통계부터 알아보자.

기술 통계

기술 통계는 말 그대로 기술(묘사)하는 통계다. 데이터에 있는 통계적인 특징을 찾아내어 데이터를 기술하는 것이다. 이때 데이터가 가진 통계적인 특징은 세 가지로 구분할 수 있다.

첫 번째 특징: 중심 경향치

중심 경향치(central tendency)는 데이터가 어떤 값에 집중되어 있는지 나타내는 값이다. 중심 경향치에는 **평균, 중앙값, 최빈값** 등이 있다. 예를 들어 다음 그림과 같이 학급별 수학 성적 데이터를 나열했다고 하자. 이때 각 학급별로 학생들 성적이 몇 점에 집중되어 있는지 여러 가지 방법으로 정할 수 있는데, 여기에서는 우리에게 익숙한 평균으로 나타내 보았다.

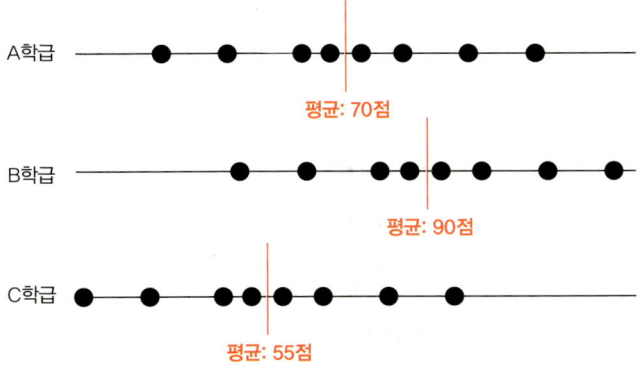

그림 1-1 평균이 서로 다른 데이터(학급별 수학 성적)

A학급은 70점, B학급은 90점, C학급은 55점으로 평균을 통해 각 학급 성적을 대표한다고 볼 수 있으며, B학급 수학 성적이 상대적으로 높다고 판단할 수 있다.

일반적으로 가장 흔하게 사용하는 중심 경향치는 평균이다. **평균**은 단순히 샘플의 모든 값을 더해 이를 샘플의 총 개수로 나눈 값으로, 각 샘플의 중요성은 동일하다고 가정한다.

> **노트**
> 여기에서 기본적인 용어를 하나 짚고 넘어가 보자. '데이터'라고 하면 보통은 모집단이 아닌 샘플 데이터를 의미한다. 하지만 엄밀히 말하면, 데이터라는 표현 자체에는 샘플 의미가 내포되어 있다고 할 수 없다. 모집단의 데이터도 데이터이기에 데이터는 모집단의 데이터일 수도 있으므로 맥락적으로 이해해야 한다. '샘플'이라고만 한다면 '샘플 데이터'를 줄여서 표현한 것이다.

D학급과 E학급의 수학 성적을 나타낸 다음 그림을 보자. D학급은 데이터가 특정 값 근처에 많이 분포하고 있고, E학급은 D학급과 비슷한 분포를 띠고 있으나 다른 값들과 굉장히 멀리 떨어진 값(이상치)이 하나 있다.

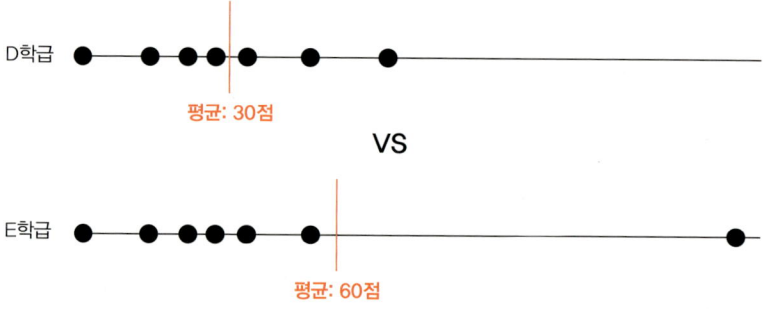

그림 1-2 이상치 여부가 서로 다른 데이터(학급별 수학 성적)

이상치가 없는 D학급 평균은 30점인데, E학급에서는 대다수 학생의 수학 성적보다 특출난 한 학생의 성적(이상치) 때문에 평균이 60점으로 높아졌다. 하지만 60점은 사실상 E학급 성적을 대표한다고 할 수 없다. 이렇게 **극소수 이상치의 영향이 너무 클 때는 평균보다는 중앙값이 더욱 적합하다.**

중앙값은 중위수라고도 하며, 데이터를 작은 값부터 큰 값 순으로 정렬했을 때 중간에 있는 값이다. 데이터가 1, 2, 10이라면 중간에 있는 2가 중앙값이고, 데이터 총 개수가 1, 2, 3, 10처럼 짝수라면 중간에 있는 두 값의 평균이 중앙값이 된다. 즉, (2+3)/2=2.5다. 따라서 이상치가 있는 E학급 데이터는 평균 대신 중앙값을 중심 경향치로 사용하는 것이 적합하다.

또 **데이터를 수치로 나타내지 않고 특정 카테고리로 표현할 때는 최빈값이 더 적합하다.** 예를 들어 입학하고 싶은 대학교를 설문 조사한 결과에서 A·B·C대학교가 각각 50표, 10표, 20표를 득표했다면, 이들의 평균이나 중앙값은 의미가 없다. 이때는 가장 입학하고 싶은 대학교가 A대학교라는 사실이 중요하므로 가장 빈도수가 높은 변수를 나타내는 **최빈값**이 더 적합하다고 할 수 있다.

두 번째 특징: 흩어진 정도

흩어진 정도(degree of scattering)는 말 그대로 데이터가 얼마나 흩어지고 퍼져 있는지 정도를 나타낸다. 개수가 동일한 데이터가 동일한 위치에 집중되어 있다고 해도 얼마나 퍼져 있는지는 다를 수 있다. 다음 그림은 평균은 같지만 흩어진 정도가 서로 다른 세 학급의 데이터다.

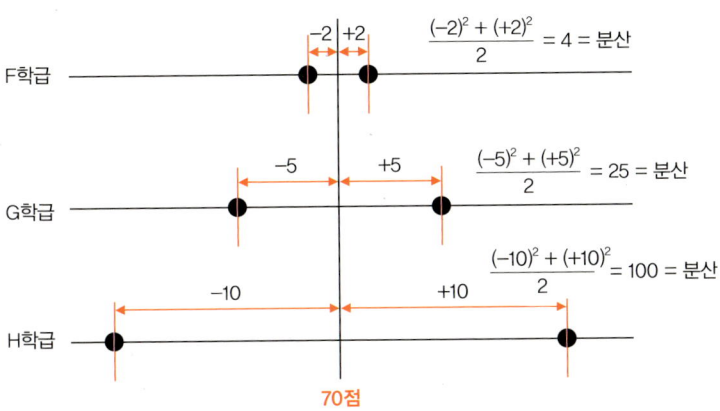

그림 1-3 분산이 서로 다른 데이터(학급별 수학 성적)

그림 1-3에도 나와 있듯이 데이터가 얼마나 흩어져 있는지 알 수 있는 척도로 흔히 **분산**(variance)을 사용한다. 분산은 편차(샘플 데이터 개별 값-샘플 평균)들을 제곱한 값의 평균이다. 분산이 작으면 평균 근처에 데이터가 모여 있다는 의미고, 분산이 크면 평균을 중심으로 데이터가 넓게 흩어져 있다는 의미다. 여기에서는 분산이 제일 큰 H학급이 평균에서 데이터가 많이 흩어져 있다는 것을 알 수 있다.

분산을 계산할 때 편차의 평균이 아니라 번거롭게 왜 편차 제곱의 평균을 구할까? 편차의 평균을 구해 버리면 +, - 부호를 가진 값 때문에 편차의 합이 0이 되어 버린다. 그러면 하나의 대표하는 값을 구할 수 없으므로 부호가 영향을 주지 않도록 제곱을 취해 계산한다. 이렇게 제곱한 값들에서 평균을 취하면 분산이 되고, 분산에 루트(제곱근)를 취해 앞서 계산한 편차에 제곱한 것을 다시 되돌리는 느낌으로 값을 구하면 바로 **표준편차**(Standard Deviation, SD)가 된다.

이외에도 제곱이 아니라 절댓값을 취해 부호의 영향을 없애 버릴 수도 있다. 이렇게 편차에 절댓값을 취한 뒤 평균을 구하면 **평균절대편차**(Mean Absolute Deviation, MAD)가 된다. 이것 역시 흩어짐 정도를 나타내는 값으로 사용할 수 있다.

세 번째 특징: 분포

분포(distribution)는 데이터가 어떻게 퍼져 있는지 측정하며, 어떤 값들이 얼마나 자주 또는 드물게 등장하는지 패턴을 보여 준다. 분포 형태를 판단할 수 있는 지표에는 **왜도**(skewness)와 **첨도**(kurtosis)가 있다. 먼저 **왜도**는 데이터 분포의 좌우 비대칭성을 나타내는 척도로, 한쪽 방향으로 왜곡된 정도를 나타낸다. 즉, 다음 그림과 같이 왜도 값이 0보다 클수록 데이터의 빈도수 분포는 오른쪽 왜곡된다(right-skewed)(실제 데이터는 왼쪽으로 몰린다). 반대로 왜도 값이 0보다 작을수록 데이터의 빈도수 분포는 왼쪽 왜곡된다(left-skewed)(실제 데이터는 오른쪽으로 몰린다). 왜도 값이 0이면 어느 쪽으로도 왜곡되지 않은 좌우 대칭이 된다.

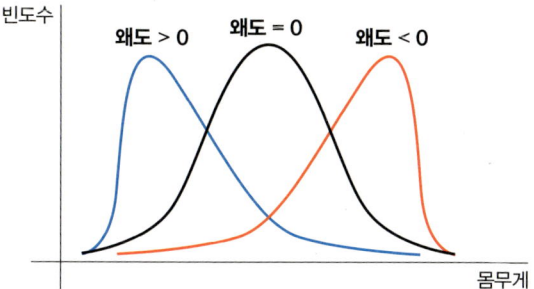

그림 1-4 왜도 계수에 따른 분포 비교

왜도 값이 0보다 크면 우측 왜곡이라고 하지만, 실제 데이터는 다소 직관적이지 않게 왼쪽으로 몰린 형태를 띤다. 이러한 이유는 왜도를 구하는 공식을 보면 이해할 수 있다. 왜도라는 특징을 표현하는 공식은 여러 가지가 있는데, 그중에서 간단한 형태인 피어슨의 최빈값 왜도 계수는 다음과 같다. 이 왜도 계수는 평균에서 최빈값을 뺀 값을 표준편차로 나눈다. 즉, 그림 1-4에서 최빈값은 y축 값이 가장 큰 값으로, 데이터가 왼쪽으로 몰리면 최빈값도 왼쪽으로 이동한다. 따라서 최빈값보다 평균이 커지므로 왜도 계수는 0보다 커진다.

$$\text{피어슨의 최빈값 왜도 계수} = \frac{\text{평균} - \text{최빈값}}{\text{표준편차}}$$

다음으로 **첨도**는 뾰족함이나 완만함의 정도를 나타내는 척도다. 다음 그림과 같이 첨도 값이 클수록 보다 뾰족한 형태가 되고, 첨도 값이 작을수록 보다 완만한 형태가 된다.

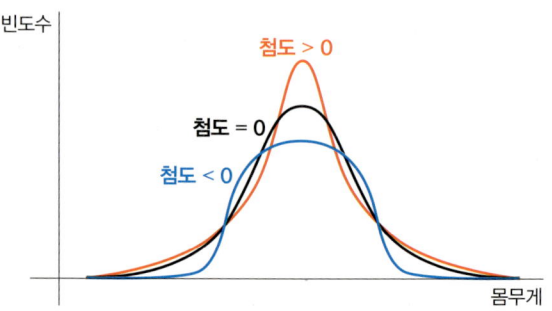

그림 1-5 첨도 계수에 따른 분포 비교

그림 1-5에서 첨도라고 되어 있지만, 엄밀하게는 **초과첨도**(excess kurtosis)다. 원래 첨도가 3일 때 정규분포와 동일한 뾰족한 정도가 되는데, 초과첨도라고 하여 원래 첨도에서 3을 빼 0이 되었을 때 정규분포가 되도록 만들어서 직관적으로 편하게 이해할 수 있도록 초과첨도를 표시했다.

지금까지 기술 통계에서 다양한 데이터 특징을 밝혀 냈다. 이때 모집단을 모두 수집한 데이터를 분석할 수도 있다. 모집단의 데이터에 기술 통계를 적용한 뒤 모수를 직접 알아내어 통계 분석을 할 수 있다. 이것을 **전수조사**라고 한다. 예를 들어 한국 전체 인구의 수입 평균을 알고자 할 때, 모든 국민의 수입을 묻는 설문 조사를 하거나 세금을 추적할 수 있다. 하지만 이렇게 모집단을 모두 수집하면 시간이나 비용 면에서 굉장히 비효율적이다. 그렇기 때문에 모집단 전체를 분석하기보다는 모집단 일부를 추출하는 샘플링을 거쳐서 얻은 샘플 데이터를 바탕으로 통계 분석을 하게 된다. 이렇듯 샘플 데이터로 모집단을 추론하는 것이 이어서 배울 **추론 통계**다.

모집단이 아닌 모집단 일부를 추출한 샘플 데이터에도 기술 통계를 적용할 수 있는데, 이때 계산되는 샘플 평균이나 샘플 분산 값들을 **통계량**이라고 한다. 간단히 말해 여기에서 계산된 통계량으로 모수를 추론하는 과정 또한 추론 통계의 일종이라고 볼 수 있다. 방금 설명한 부분을 다음 그림에 개념도로 정리해 두었다. 그림에서 사용한 용어를 정리하면, 파라미터와 모수는 동일한 표현이다. 모수는 주로 통계학에서 모집단을 강조하는 데 많이 사용하며, 파라미터는 좀 더 일반적으로 수학 모델링이나 머신러닝에서 주로 사용한다. 결론적으로 둘 다 맞는 표현이다.

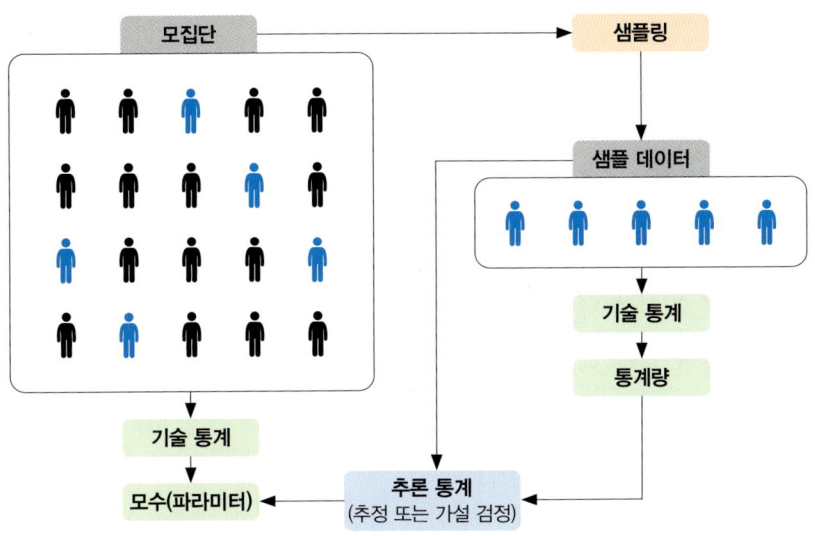

그림 1-6 기술 통계와 추론 통계

추론 통계

추론 통계는 앞서 배운 기술 통계와 구분되는 통계의 새로운 관점으로, 모든 데이터는 모집단에서 몇몇 샘플이 추출된 경우라고 가정한다. 거꾸로 모집단에서 추출된 샘플들을 바탕으로 본래 모집단 분포를 알아내는 과정이 **추론 통계**다.

이때 추론 통계는 크게 추정을 하는 것과 가설을 검정하는 것, 두 가지 관점으로 다시 나눌 수 있다. 통계 분석을 한다고 했을 때 사실상 이 두 가지를 한다고 해도 과언이 아닐 정도로 중요한 두 뿌리다. 추정은 다시 **빈도주의와 베이지안**으로 나눈다. 이 구분 역시 중요한데, 빈도주의라는 것은 내가 보유한 데이터에 가장 잘 맞는 통계 모델을 학습하는 방향이고, 베이지안은 내가 보유한 데이터에서 해당 데이터에 대한 사전 지식에도 잘 맞는 통계 모델을 학습하는 방향이다. 우리는 이것을 이후에 최대우도추정과 최대사후확률추정이라는 이름으로 배울 것이다.

가설 검정 역시 두 가지 측면으로 나눈다. 궁금한 문제의 특징에 따라서 양측 검정과 단측 검정으로 다시 나눈다. **양측 검정**은 간단한 예로 설명하면 이렇다. 귀무가설에서 통계량이 어떤 숫자와 동일한지 아닌지를 판단할 때, 내가 검정하고자 하는 통계량의 양쪽 방향을 모두 고려해서 하는 검정이다. **단측 검정**은 한쪽 방향만 궁금한 경우로, 어떤 통계량이 특정 숫자보다 큰지 작은지를 검정하고 싶을 때 사용할 수 있는 방법이다. 자세한 설명은 '궁금증 38'을 참고하자.

지금까지 설명한 기술 통계와 추론 통계의 개념들을 간략히 그림 1-7과 같이 분류표로 정리했다. 어떤 통계 분석을 진행하고 있다면 반드시 이 중 하나를 하고 있을 것이다. 지금 관계도 이상으로 더 구체적으로 정리할 수도 있지만 너무 세분화하면 오히려 직관적으로 보는 데 방해되기 때문에 모든 관계는 나타내지 않았다. 다음 관계도는 통계학의 큰 틀로, 아무리 어려운 통계 문제에 직면하더라도 이러한 틀 안에서 해결하므로 진입 장벽을 허무는 데 도움이 될 것이다.

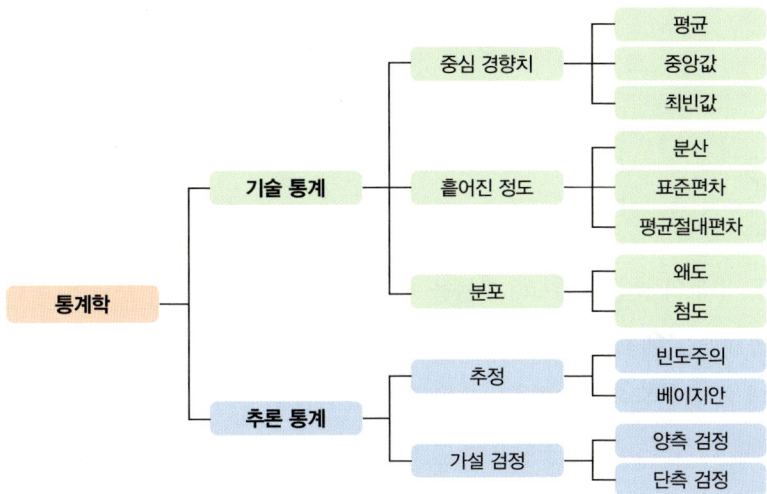

그림 1-7 통계학 분류표

궁금증
02

확률론은 왜 배워야 하는가?

고등학교 과정을 살펴보면, 통계학을 배우기 이전에 항상 확률론을 먼저 배운다. 경우의 수를 배우고, 확률을 배우고, 확률분포를 배운 뒤에야 비로소 통계학을 배운다. 통계학보다 확률론을 먼저 배울 만큼 통계 분석을 하는 데 왜 확률론이 필요할까? 추론 통계에서 샘플 데이터는 모집단에서 샘플링된 데이터고 그 모집단은 어떤 확률분포를 따른다고 가정한다. **우리 목표는 이 확률분포를 찾는 것이다.** 이때 분석자는 데이터 특징을 바탕으로 어떤 확률분포를 따를 것이라고 미리 짐작할 수 있는데, 이를 위해서는 확률론이 필요하다.

통계 분석을 하기 앞서 가장 기본적으로는 해당 데이터가 어떤 분포를 따를 가능성이 높은지(예를 들어 포아송 분포를 따를지, 아니면 음이항분포를 따를지를 결정), 심지어 어떻게 경우의 수를 계산해야 하는지, 확률들을 곱해야 하는지 더해야 하는지 등을 결정해야 한다. 또 이것들은 우도를 만드는 것과도 관계가 있기 때문에 통계 모델링 초석이 된다. 따라서 이러한 부분들을 정확히 이해하려면 확률론이 필요하다.

궁금증 03

통계학 VS 확률론

앞서 소개했듯이 통계학은 기술 통계냐 추론 통계냐에 따라 다르다. 기술 통계는 간단히 말해 데이터 특징을 분석하는 것으로, 평균 등을 구하는 것이라고 할 수 있다. 기술 통계는 샘플 데이터에서 샘플 평균을 계산할 수 있으니 샘플 데이터에도 사용할 수 있고, 모집단에서도 전수조사를 한다면 모집단 평균을 계산할 수 있으니 모집단 데이터에도 사용할 수 있다.

추론 통계는 샘플 데이터에서 특징을 파악하여 이를 토대로 모집단을 추정하는 것이다. 그렇게 했을 때 현재 내가 보유한 데이터가 어떤 모집단을 가지는지 결정해야 하는데, 이때 모집단을 하나의 분포로 가정한다. 즉, 분석자가 원하는 것은 **데이터는 무조건 어떤 분포에서 추출한다고 가정하는 것이다.** 이러한 추론 통계의 관점을 보다 잘 이해하고자 공학에서 문제를 푸는 방식과 비교하여 설명하겠다.

공학에서는 질량과 힘, 가속도 사이에 $F=ma$라는 관계를 물리학을 통해 이론적으로 알고 있다. 이러한 관계를 사용하여 어떤 물체에 다양한 힘을 여러 번 가했을 때 가속도를 측정하고, 이렇게 측정된 가속도와 힘에 대한 데이터를 토대로 지금 다루고 있는 물체 질량을 추론할 수 있다. 여러 다양한 힘에 따라서 측정된 가속도 값을 하나의 포인트로 표현하여 나타내면 다음 그림과 같다. 여기에서 이미 알고 있는 F=ma라는 공식을 이용하면, 즉 F와 a는 서로 선형 관계라는 것을 알고 있는 상태에서 m을 추론하면 된다.

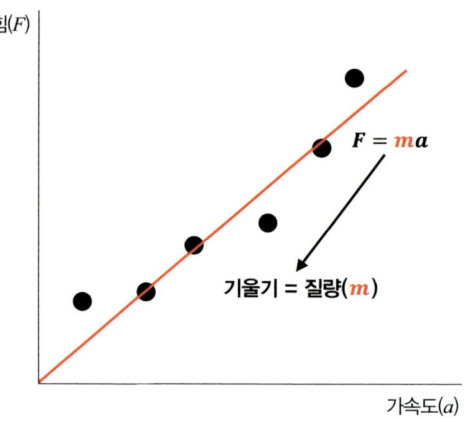

그림 1-8 힘과 가속도 측정치(공학 관점에서 모델링)

그런데 통계 분석 관점에서 동일한 문제를 바라본다면 가속도나 힘, 질량 같은 여러 변수가 있을 때, 이 관계를 물리적으로든 수학적으로든 이미 알고 있는 상태(F=ma)에서 주어진 변수들(힘, 가속도)을 이용하여 나머지 값(질량)을 찾아내는 일에 관심이 있는 것이 아니다. 현재 있는 데이터의 변수(힘, 가속도) 사이에 어떤 관계가 있고, 이러한 변수들이 서로 관련성이 있는지 통계적으로 밝혀 내거나 하나의 변수를 알고 있을 때 다른 변수를 예측하는 데 더욱 관심이 있다.

사실 좀 더 구체적으로 들어가면 통계적으로 유의한 관련성이 있는지 알아내는 것이 더 통계학적인 관점에 가깝다. 새로운 값을 예측하는 것에 더 관심이 있는 것은 머신러닝 관점에 가깝다. 어찌 되었든 통계학에서는 F=ma

라는 기존 물리학 분야에서 알려진 이론적인 공식을 토대로 하지 않고, 선형 모델과 비선형 모델 등 여러 통계 모델을 기반으로 학습한다는 차이가 있다.

통계학 관점에서 이야기를 더 이어 간다면, 어떤 데이터에서 내가 알고 있는 정보가 있을 때 이 정보를 이용하여 어떤 확률분포가 해당 데이터를 가장 잘 설명할 수 있을지 결정할 수 있다. 가장 쉽게 할 수 있는 방법은 정규분포와 선형 가정이다. 그래서 통계 분석에서 제일 먼저 시도해 보는 것이 바로 **선형 모델**이다. 이때는 다음 그림과 같이 $F=ma$라는 선형 모델을 사용하는데, 여기에 확률분포를 따르는 오류가 포함되어 있다. 이 오류가 선형 모델에서는 **정규분포**(normal distribution)이기 때문에 N으로 표현했다.

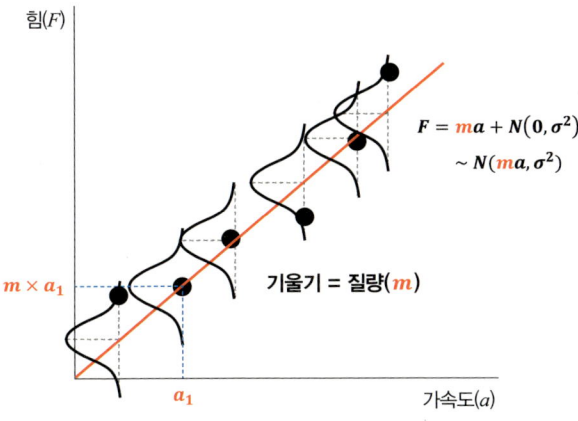

그림 1-9 힘과 가속도 측정치(통계학 관점에서 모델링)

이 오류의 분포 평균은 0이고, σ^2은 선형 모델에서는 상수 값을 가진 분산을 가정한다. 그렇기 때문에 모든 정규분포의 형태가 평균(ma)을 빼고는 동일하다. 즉, 퍼져 있는 정도는 동일하고, 평균은 a값을 넣을 때마다 변화하도록 ma로 설정되어 있으며, m은 상수 값으로 학습된다. 이것이 실제로 선형회귀 분석을 했을 때 일어나는 일이다. 우리는 a라는 입력 변수를 m이라는 값과 곱한 값이 F가 된다는 것을 학습했고, 결과적으로 **출력 변수인 F는 입력 변수 a에 따라서 정규분포를 따른다고 보면 된다.**

물론 데이터가 비선형적인 형태를 취했을 때 지수 분포나 포아송 분포 등 다른 분포를 사용하여 회귀 분석을 진행하면 더욱 데이터에 적합한 모델을 찾을 수 있을 것이다. 앞의 문제에서는 선형 모델이 하필이면 $F=ma$와 동일하여 공학적인 관점과 같은 결론에 도달했지만, 통계 분석에서는 보유한 데이터 형태에 따라 얼마든지 이 관계가 다르게 될 수 있다. 이때 **확률론이** 필요하다. 데이터를 어떤 돌연변이 개수의 합이라고 하자. 한 세대에서 발생하는 돌연변이 개수를 관심이 있는 출력 변수로 설정했다면 돌연변이를 셈한다는 상황에 적합한 모델을 찾아야 한다.

이때 데이터 분포를 대략적으로 그려 보고 판단해도 되지만, 어떤 상황인지 사전 지식이 있다면 이 지식을 활용하여 더욱 적합한 분포를 정할 수 있다. 돌연변이 개수에 관심 있는 예제에서는 무엇인가를 셈하여 그것이 변수가 되었다. 이때는 계수형(count) 데이터를 모델링할 때 많이 쓰는 **포아송 분포**를 사용할 수 있다. 그러면 사람 나이에 따라 돌연변이 개수가 영향을 준다고 할 때 나이는 입력 변수가 되고 돌연변이 개수는 출력 변수가 된다.

이때 이 둘 관계에 대해 회귀 분석을 한다면, 선형 모델보다는 포아송 분포를 사용한 포아송 회귀 분석을 하는 것이 더욱 적합할 것이다. 여기에서 추가로 포아송 분포가 무조건 계수형 데이터에서 정답은 아니다. 이와 비슷한 계열인 음이항분포나 준포아송 분포 등 다양한 옵션이 있다. 이러한 분포들은 포아송 분포와 조금씩 상황이 다르기에 이러한 분포들을 많이 알고 있을

수록 본인이 가진 데이터에 더 정확한 모델을 선택하여 학습할 수 있을 것이다. 이러한 다양한 확률분포 지식들을 확률론에서 배울 수 있다. 통계학자가 하는 일 중 하나는 바로 확률론을 이용하여 **데이터가 생성되는 과정을 토대로 여러 가능한 확률분포 옵션 중에서 가장 적합한 확률분포를 선택하는 것이다.**

기본적으로 통계학에서 추론 통계는 어떤 데이터가 따르는 확률분포를 찾아가는 과정인데, 추론 통계를 하기 전에 확률론을 활용하여 데이터 의미나 생성되는 과정을 분석해서 가장 적합한 확률분포를 가정하는 단계를 밟는다. 대부분의 통계 분석은 이 과정을 거친다. 이러한 근본적인 관점을 이해하면 아무리 복잡한 통계 모델이라도 전체 흐름을 비교적 쉽게 잡을 수 있을 것이다.

궁금증 04

머신러닝을 배울 때 왜 등장하는가?

머신러닝은 앞서 살짝 소개했는데, 좀 더 자세히 알아보자. 우선 머신러닝에서는 무엇을 하는지 알아보자. **머신러닝에서도 훈련 데이터를 가지고 모델을 학습한다.** 이때 사실상 목적함수를 가진 최적화 문제가 되는데, 최적화 문제는 쉽게 말해 고등학교 때 배운 함수의 최댓값 또는 최솟값을 구하는 문제라고 보면 된다. 여기에서 목적함수는 최소화 또는 최대화시켜야 하는 대상 함수다. 보통 머신러닝에서는 모델을 사용하여 예측한 값과 실제 데이터 값 사이의 차이를 비용으로 하고, 이 비용을 최소화하는 방향으로 학습시킨다.

여기에서 통계 모델과 차이점이 있다면 통계 모델에서는 데이터가 따르는 분포 형태를 분석자가 미리 지정하고, 이에 잘 맞아떨어지는 확률분포 모델을 찾아내는 일을 한다. 반면에 머신러닝에서는(특히 가장 대표적인 머신러닝 방법론인 뉴럴 네트워크에서는) 입력 변수와 출력 변수가 있을 때, 그들 사이의 히든 변수들을 원하는 형태(아키텍처)로 집어넣는다. 그리고 입력 변수에서 히든 변수로, 또 출력 변수로 차례로 엣지(그림 1-10에서 화살표에 해당)를 추가함으로써 서로 관계를 형성한다. 그러면 이것들을 모두 아우르는 최종 함수가 만들어지고, 이 함수 결과물이 출력 변수가 되도록 한다.

간단하게 입력 변수가 세 개고 출력 변수가 한 개인 뉴럴 네트워크 모델을 보면, 다음과 같이 중간에 히든 변수들을 추가하고 입력 변수를 함수에 넣어 y값을 예측할 수 있는 모델을 학습한다.

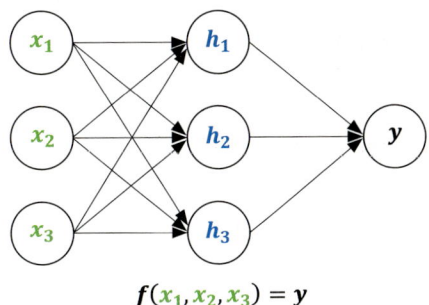

그림 1-10 일반적인 머신러닝(뉴럴 네트워크) 모델링

여기에서 출력 변수 y가 어떤 확률분포를 따른다고 가정하면 비용함수를 최적화 문제로 푸는 것이 아니라 우도를 계산해서 우도에 대한 최대화 문제로 풀 수도 있다. 이렇듯 **머신러닝에서 아무리 복잡한 변수 사이의 관계를 모델링했다고 하더라도, 최종적으로 변수들을 확률분포를 따른다고 가정한 채 문제를 풀면 결국 근본은 통계 모델을 학습하는 문제와 동일하다.** 그래서 통계적인 학습과 머신러닝에서 사용하는 용어도 굉장히 비슷하다.

입력 변수와 출력 변수가 각각 하나씩 있는 가장 단순한 형태의 단순 선형회귀는 다음 그림과 같이 뉴럴 네트워크로 모델링이 가능하다.

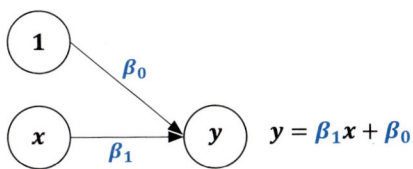

그림 1-11 뉴럴 네트워크로 모델링한 단순 선형회귀

> 궁금증
> **05**

상관관계가 있다고 해서 인과관계는 아니라는 말이 지닌 통계학적 의미는?

통계 분석을 했을 때 많이 듣는 질문이 '그래서 입력 변수가 출력 변수에 대한 원인인가요?'다. 문제 대부분에서 인과관계를 알고 싶을 때가 많아 통계 분석을 해서 인과성을 확인하려고 한다. 이 부분에 대한 주제는 '인과추론'이라는 분야가 따로 있고, 이 주제만으로도 책 한 권을 쓸 수 있을 만큼 많은 내용을 다루어야 한다. 여기에서는 기본적으로 통계 분석을 수행할 때 알아야 하는 인과추론 관점을 기본 통계 분석에 적용시켜 필수 개념 위주로 설명했다.

상관관계와 인과관계

인과관계(causation)는 두 변수가 있을 때, 변수 하나는 원인이 되고 다른 변수 하나는 결과가 되는 관계다. 즉, 원인이 되는 변수를 바꾸었을 때 실제로 결과가 되는 변수 값이 바뀌는 것을 의미한다. 하지만 **상관관계**(correlation)에서는 직접 변수 값을 바꾸지 않고, 이미 있는 샘플들의 패턴을 분석하는 상황에서 변수 값 하나가 증가할 때 다른 변수 값이 어떻게 변화하는지를 관찰한다. 즉, 상관관계는 두 변수 값을 측정하는 상황에서 하나의 변수 값이 변화할 때 다른 변수 값도 함께 변화하는 정도를 나타내는 개념이다. 즉, 수학 성적이 좋은 학생은 영어 성적도 좋고 수학 성적이 좋지 못한 학생은 영어 성적도 좋지 못하면, 이 두 과목 성적은 서로 상관관계가 있다고 할 수 있다.

다음 그림과 같이 한쪽 변수(x축: 수학 성적)가 증가(+)할 때 다른 쪽 변수(y축: 영어 성적)도 증가(+)하고, 한쪽 변수가 감소(-)할 때 다른 쪽 변수도 감소(-)하면 **양의 상관관계**를 가진다.

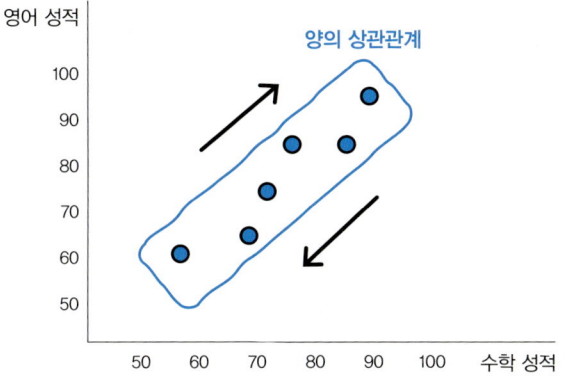

그림 1-12 양의 상관관계를 가지는 데이터 예시

반면에 그림 1-13과 같이 한쪽 변수가 감소(-)할 때 다른 변수는 증가(+)하고, 한쪽 변수가 증가(+)할 때 다른 변수는 감소(-)하는 반대된 패턴을 보인다면, 이것은 **음의 상관관계**를 가진다고 볼 수 있다.

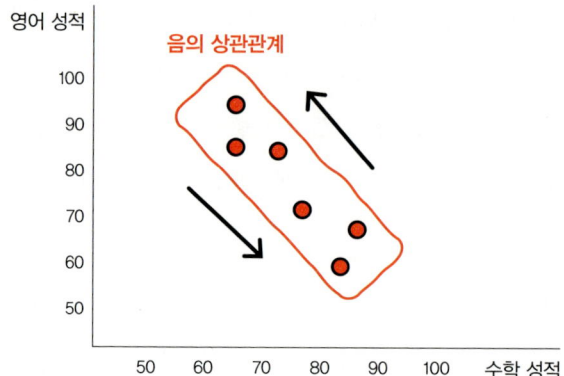

그림 1-13 음의 상관관계를 가지는 데이터 예시

아무런 상관관계가 없을 때는 다음 그림과 같이 일정한 패턴 없이 분포하는 형태를 띤다.

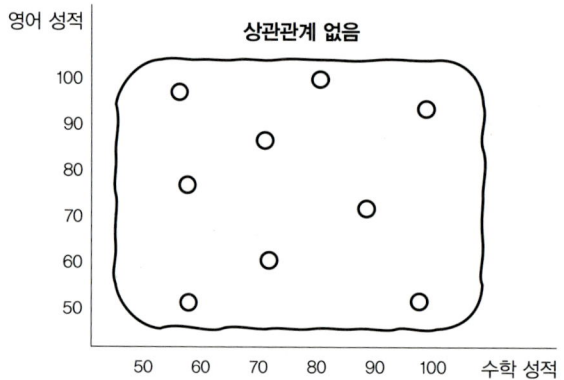

그림 1-14 상관관계가 없는 데이터 예시

기본적으로 통계학에서는 이러한 상관관계 이야기를 한다. 하지만 단순한 상관관계나 연관성이 아닌 원인과 결과라는 인과추론 영역으로 넘어오면 상관관계와 인과관계를 구분해야 한다.

통계적으로 유의하다는 의미

단순 선형회귀 분석을 한 결과가 **통계적으로 유의하다는 의미는** 엄밀히 말하면 상관관계에 대한 통계적인 증거지 인과관계에 대한 증거는 아니다. 다음 관련된 개념들로 유의하다는 의미를 명확하게 알아보자.

교란자

수학 성적을 입력 변수로, 영어 성적을 출력 변수로 두고 선형회귀 분석을 수행했다고 하자. 이때 통계적으로 유의한 결과를 얻었다면 두 변수 사이에는 분명한 상관관계가 존재한다. 하지만 진정으로 수학 성적이 영어 성적에 영향을 주는 인과관계인지는 알 수 없다. 실제로 인과관계였기 때문에 이 두 변수 사이에 상관관계를 보인 것일 수도 있지만, **제3의 다른 변수가 조절했을 수도 있기 때문이다.** 예를 들어 다음 그림과 같이 자습 시간 같은 다른 변수가 수학 성적과 영어 성적에 동시에 영향을 주었을 수도 있다.

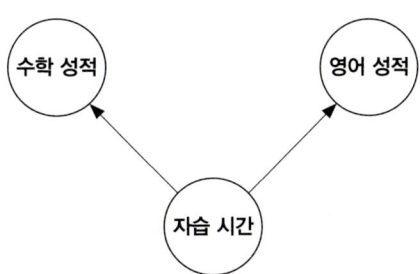

그림 1-15 교란자(자습 시간) 관계도

이때 자습 시간은 **교란자**(confounder)가 된다. 즉, 교란자는 입력 변수와 출력 변수 모두에 영향을 주어 두 변수 사이의 인과관계를 혼란스럽게 만드는 변수다. 사실상 서로의 인과성은 없지만, 교란자 때문에 그림 1-15와 같이 통계 분석 결과만 보면 마치 서로 관계가 있어 보인다. 그렇기에 상관관계는 확인할 수 있지만 인과관계는 아닐 수 있는 것이다.

매개변수

또는 다음 그림과 같이 수학 성적이 자습 시간을 거쳐 영어 성적에 영향을 줄 수도 있다. 이때는 수학 성적이 직접적으로 영어 성적에 영향을 주지는 않았지만 간접적으로는 영향을 주었다고 볼 수 있다. 그래서 이러한 효과는 간접 효과에 해당하고, 자습 시간은 **매개변수**(intermediate variable)라고 한다.

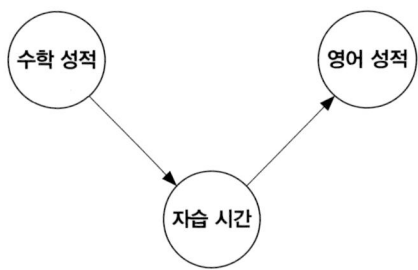

그림 1-16 매개변수(자습 시간) 관계도

기본적으로 통계 분석을 해서 얻은 결론은 연관성 정도로만 해석해야 하고, 인과성까지 이야기하려면 좀 더 구체적인 실험과 다른 통계적 방법론을 사용해야 한다. 이것은 다음 궁금증에서 풀어 보겠다.

궁금증 06

인과관계를 평가하려면 어떻게 해야 하는가?

단순히 선형 모델을 학습하는 것만으로는 입력 변수와 출력 변수 사이의 인과관계를 논할 수 없다고 했다. 인과성을 논하는 데는 크게 '실험적인 접근법'과 '통계 모델 내에서 다양한 조치를 취하는 접근법' 두 가지가 있다. 보다 자세히 알아보자.

무작위 대조 시험

회귀 분석으로 변수 사이의 상관관계를 파악하는 것으로는 인과관계를 파악할 수 없다. 따라서 인과관계를 추론하려면 다른 방법론을 사용해야 한다.

보통 제약 회사에서는 신약 효과를 입증하는 실험 결과를 발표한 뒤 약을 승인한다. 이때 인과관계가 성립한다고 결론 내리려면 반드시 **무작위 대조 시험**(Randomized Controlled Trial, RCT)을 해야 한다. 통계 논문이나 인과나 연관성 관련 연구 논문을 읽을 때 결과가 무작위 대조 시험 결과인지, 아니면 그냥 관측 데이터를 바탕으로 한 연관성 연구인지 확실히 구분해야 한다. 무작위 대조 시험으로 내린 결론이어야 인과관계를 이야기할 수 있기 때문이다.

무작위 대조 시험에서는 **무작위로 실험군과 대조군을 구별하여 앞서 설명한 교란자 같은 것들이 없도록 제어(또는 조절/통제/제거)한다.** 육아를 하는 사람이 하지 않는 사람보다 자식과 친밀도가 높은지 알고 싶다고 하자. 이때 육아를 하는 사람들을 모아서 실험군으로, 육아를 하지 않는 사람들을 모아서 대조군으로 분류한 뒤 이들과 자식 간에 친밀도를 조사한다면 정확한 인과관계를 연구했다고 볼 수 없다. 육아를 하는 사람 중에 높은 확률로 여성을 선택할 가능성이 높다. 따라서 다음 그림과 같이 육아를 하는 사람들만 모았을 때 여성 비율이 남성보다 높으면 성별 차이가 자식과 친밀도에 영향을 주는 것인지, 육아 여부가 자식과 친밀도에 영향을 주는 것인지 구분하기가 어렵다.

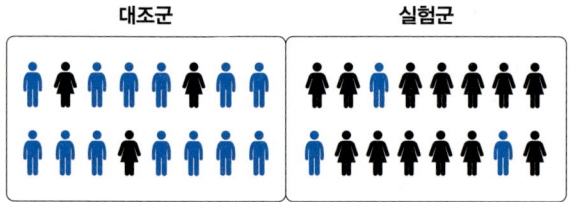

그림 1-17 교란자(성별)로 잘못 배치된 대조군과 실험군

즉, 다음 그림과 같이 성별이 육아 여부뿐만 아니라, 자식과 친밀도에도 영향을 줄 수 있기 때문에 이런 식으로 실험을 세팅하면 정확한 인과추론을 할 수 없다.

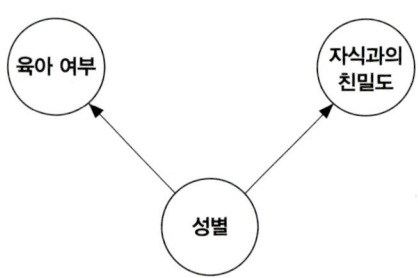

그림 1-18 교란자(성별)가 있는 다이어그램 예시

이러한 상황은 성별이라는 변수가 교란자가 되는 경우로, 교란자를 제거하려면 무작위 대조 시험을 수행해야 한다.

무작위 대조 시험에서는 이미 육아를 하고 있는 사람과 하고 있지 않은 사람을 모으는 것이 아니라, 처음에는 완전 무작위로 사람을 모으고 교란자가 될 수 있는 것들을 기준으로 잘 섞어야 한다. 즉, 이 예시에서는 성별을 기준으로 다음 그림과 같이 남성과 여성을 한 그룹에 잘 섞이도록 무작위로 섞어야 한다.

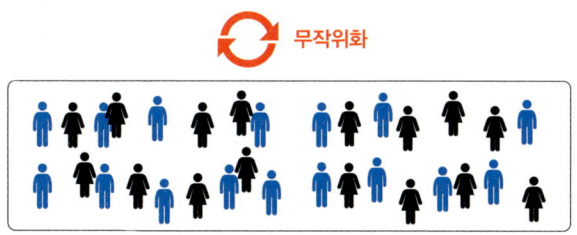

그림 1-19 남녀를 무작위로 섞는 과정

완전히 무작위로 섞였다고 간주했을 때, 그림 1-20과 같이 중간에 선을 그어서 두 그룹으로 나눈다. 그다음 한쪽 그룹에는 육아를 하도록 시키고, 이 그룹을 **실험군**이라고 한다. 나머지 그룹에는 육아를 하지 않도록 시키고, 이 그룹을 **대조군**이라고 한다. 물론 이렇게 했음에도 두 그룹 내에서 또 공통되는 특징을 보인다면, 해당 특징을 바탕으로 다시 한 번 더 무작위 과정을 거쳐 해당 특징이 교란자가 되지 않도록 해야 한다.

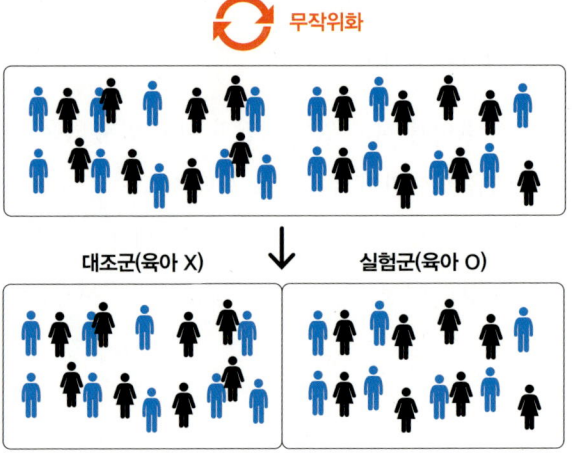

그림 1-20 무작위 과정 이후 대조군과 실험군을 할당하는 과정

이렇게 실험이 세팅되었을 때만 비로소 인과관계를 추론할 수 있는 통계적인 세팅이 된다. 앞서 예로 들었던 신약도 이 과정을 거쳐 효력을 확인한다. 하지만 실제 제약 회사에서 이렇게 무작위 대조 시험으로 인과성을 추론할 때는 마지막 승인을 받기 위해서 진행하는 최종 수단인 경우가 대부분이다. 시간과 비용이 많이 드는 실험이기 때문이다.

이때 **관측 데이터**(observational data)라는 것이 등장한다. 이것은 무작위 대조 시험으로 나온 결과가 아니라, 말 그대로 관측되는 데이터 자체다. 정확하게는 환자들의 기본적인 정보(성별, 나이, 자녀 유무 등)나 임상 정보(혈압, 혈액형, 키 등)가 뚜렷한 목적 없이 저장되고, 이것들이 쌓여 거대한 임상 데이터가 된다. 물론 임상 데이터뿐만 아니라 어떤 데이터든 모아 둔 데이터는 관측 데이터가 될 수 있다. 한국 내 전자 회사들의 매년 매출액, 순이익, 직원 수 등 정보를 모아 둔 것도 관측 데이터의 일종이다.

이러한 관측 데이터는 확보하기 어렵지 않다. 따라서 관측 데이터를 이용하여 통계적으로 의미 있는 결론을 내리려고 많이 노력하고, 완벽한 인과성은 추론할 수 없더라도 최대한 인과성에 가깝도록 분석하는 툴을 많이 개발하고 있다. 이러한 노력의 일환으로 회귀 분석에서는 공변량을 추가하는 방법이 있다.

이 부분을 다루기 전에 **심슨의 역설**(Simpson's paradox)이라는 재미난 역설을 하나 알아보자. 이것은 데이터를 그룹별로 나눈 상태에서 데이터 패턴과 데이터를 그룹에 상관없이 합친 상태에서 데이터 패턴이 서로 일치하지 않거나 반대가 되는 현상을 의미한다. 심슨이라는 이름은 이 현상을 바탕으로 논문을 발표한 영국의 통계학자 이름에서 따온 것이다. 다음 그래프에서 학습한 선형 모델을 이야기해 보자. 남학생 데이터(빨간색 포인트)를 보면, 수학 등급이 증가할수록 영어 등급도 증가하는 패턴을 발견할 수 있다. 이 데이터 포인트만으로 선형 모델을 학습하면 학습 결과는 $y=x+4$라고 나오고, 통계적으로 기울기 1이 유의하다고 가정해 보자.

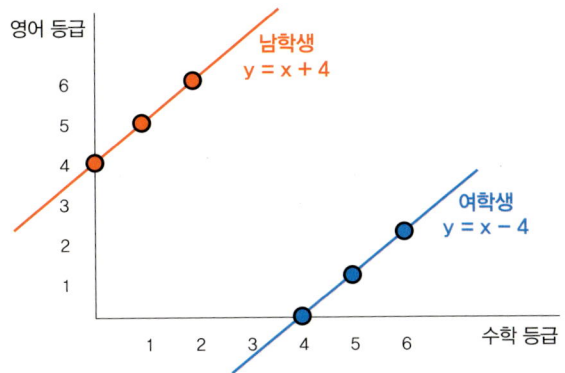

그림 1-21 남학생과 여학생을 따로 학습한 선형 모델

동일하게 여학생(파란색 포인트)에도 수학 등급이 증가할수록 영어 등급이 증가하는 패턴을 발견할 수 있다. 여기에서도 이 데이터 포인트만으로 선형 모델을 학습하면 $y=x-4$라고 나오며, 남학생과 비교했을 때 절편만 다르고 기울기는 동일하게 1로 양의 상관관계를 가진다고 결론을 내릴 수 있다.

하지만 남학생이냐 여학생이냐를 구분하지 않고 전체 데이터를 합친 형태로 바라본다면 다음 그림과 같이 검은색 포인트로 나타난다. 이 데이터 포인트를 바탕으로 선형 모델을 학습하면 $y=-x+6$이라고 학습된다. 이때는 수학 등급이 증가할수록 영어 등급은 감소하는 패턴을 보여 주고, 그 기울기는 −1로 음의 상관관계를 보인다.

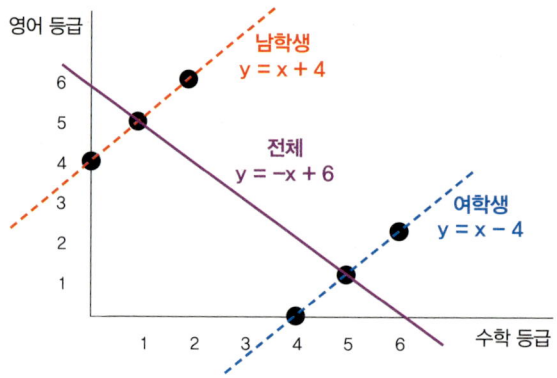

그림 1-22 학생 성별 구분 없이 전체 데이터에서 학습한 선형 모델

바로 이렇게 그룹을 구분하기 전과 후에 두 변수 관계가 서로 일치하지 않거나 역전되는 현상을 심슨의 역설이라고 한다. 심슨의 역설 때문에 **전체 데이터를 통해서 내린 결론이 인과가 아닐 가능성이 생긴다.**

다음 그림과 같이 수학 등급과 영어 등급은 양의 상관관계를 가진다는 것은 수학 등급이 증가할 때 영어 등급도 증가하고, 수학 등급이 감소할 때 영어 등급도 감소하는 패턴을 보이는 것이다. 즉, 남학생 내에서는 다음과 같은 양의 상관관계를 보인다고 결론을 내릴 수 있고, 여학생 내에서도 마찬가지로 수학 등급과 영어 등급은 서로 양의 상관관계를 가진다고 할 수 있다.

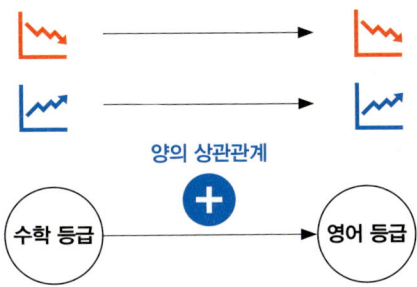

그림 1-23 양의 상관관계를 가질 때 두 변수 사이의 관계

하지만 이번에는 전체 데이터를 한번에 분석하고, 성별이라는 변수가 중간에 교란자로 등장한다고 하자. 그럼 변수 사이의 관계도는 그림 1-24와 같이 변하는데, 남학생이라는 이유로 수학 등급은 떨어지고 영어 등급은 올라간다. 그리고 여학생이라는 이유로 수학 등급은 올라가고 영어 등급은 떨어진다. 즉, 기존 양의 상관관계에서는 볼 수 없던 패턴들이 생기면서 마치 수학 등급과 영어 등급이 음의 상관관계를 가지는 것처럼 둔갑한다. 이것이 심슨의 역설을 다른 방식으로 살펴본 것이다.

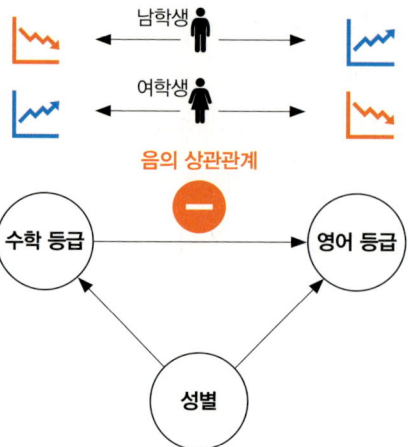

그림 1-24 교란자(성별)로 변화하는 두 변수 사이의 관계

앞서 설명한 대로 성별이 교란자 역할을 했다 가정하고 다음 그림을 보면 남학생은 포인트들이 수학 등급은 낮고 영어 등급은 높은 자리에 위치한 반면, 여학생은 포인트들이 수학 등급은 높고 영어 등급은 낮은 자리에 위치한다. 그리하여 두 학생 집단을 합쳤을 때 아래로 기운 형태가 되어 그 관계가 음의 관계로 잘못 보이는 것이다.

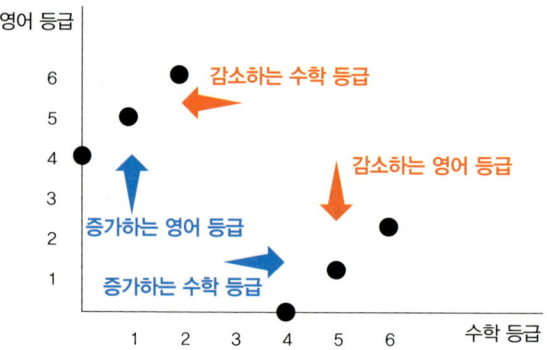

그림 1-25 남학생과 여학생 데이터가 성별에 따라 결정되는 부분들

자, 그러면 심슨의 역설이 어떤 현상이고 왜 중요한지는 충분히 알았다. 그렇다면 어떻게 이 문제를 해결할 수 있을지도 생각해야 한다. 결국에는 교란자가 문제인데, 앞에서도 교란자를 제거하기 위해서 무작위 대조 시험을 한다고 했다. 이러한 측면에서 심슨의 역설과 그 맥락을 함께하기 때문에 여기에서 소개했다.

아무튼 이제 다시 원래 질문으로 돌아가 보자. 무작위 대조 시험을 통하지 않고 관측 데이터로만 인과에 가까운 결론을 내리기 위해서 공변량을 추가한다고 했다. 이것은 심슨의 역설을 푸는 문제로 귀결될 수 있다. 공변량을 추가한다는 것은 마치 무작위 대조 시험에서 교란자를 기준으로 무작위화하는 것과 역할이 비슷하다. 정확히 동일한 방법은 아니지만 그러한 효과가 있다.

공변량(covariate)이라는 것은 통계 모델을 학습할 때, 입력 변수에 추가되는 또 다른 입력 변수다. 수학 등급과 영어 등급 사이의 관계에 대한 예제를 다시 생각해 보자. 다음 수식과 같이 모델이 만들어지는데, 이 모델은 입력 변수가 여러 개가 되고 출력 변수는 하나인 다중 선형회귀다. 이 부분 용어 정리는 '궁금증 50'에서 자세히 다루었으니 참고하길 바란다.

$$\text{영어 등급} = \beta_1 \times \text{수학 등급} + \beta_2 \times \text{성별(공변량)} + \beta_0$$

이때 성별을 남학생의 경우 0, 여학생의 경우 1이라고 하자. 그러면 남학생 데이터 포인트 세 개를 (수학 등급, 영어 등급, 성별)이라는 특징으로 수치화시키면 (0, 4, 0), (1, 5, 0), (2, 6, 0)이 된다. 이 값들을 앞의 수식에 넣어 보면 다음과 같다.

$$4 = \beta_1 \times 0 + \beta_2 \times 0 + \beta_0$$

$$5 = \beta_1 \times 1 + \beta_2 \times 0 + \beta_0$$

$$6 = \beta_1 \times 2 + \beta_2 \times 0 + \beta_0$$

본래는 선형 모델을 학습할 때 최소제곱법(이 부분 자세한 설명은 '궁금증 43' 참고)으로 학습해야 하는데, 직관적으로 쉽게 설명하고자 여기에서는 정확하게 맞아떨어지는 데이터 포인트를 생성했다. 이 수식을 정확히 만족하는 계수를 구하면 앞서 그린 그래프에서 볼 수 있듯이 $\beta_1=1$, $\beta_0=4$가 된다.

그러면 여학생 데이터 포인트를 학습시켜 보자. 이미 남학생 데이터 포인트만으로 β_1, β_0은 학습되었다. 그러면 해당 계수들은 값을 그대로 넣은 채로 여학생이므로 이번에는 수식을 간단하게 나타내기 위해서 미리 성별은 1을 넣어서 남은 계수인 β_2를 학습해 보자. 일단 학습해야 할 모델은 다음과 같다.

$$\text{영어 등급} = 1 \times \text{수학 등급} + \beta_2 + 4$$

이 모델에 여학생의 데이터 포인트(수학 등급, 영어 등급)인 (4, 0), (5, 1), (6, 2)를 넣어 다음 수식을 모두 만족할 β_2를 계산해 보면 −8이 되는 것을 알 수 있다. 즉, 우리가 선형 모델에서 입력 변수를 여러 개 넣으면, 각각의 입력 변수에 대응되는 계수들은 다른 입력 변수를 고정한 상태에서 해당 입력 변수의 효과를 학습한다.

$$0 = 1 \times 4 + \beta_2 + 4$$

$$1 = 1 \times 5 + \beta_2 + 4$$

$$2 = 1 \times 6 + \beta_2 + 4$$

즉, 이 예제에서는 성별이 고정된 상태에서 수학 등급이 영어 등급에 얼마만큼 영향을 주는지 정도를 β_1로 학습하는 것이다. 즉, 성별을 남학생이나 여학생으로 고정했을 때 수학 등급은 영어 등급과 양의 관계를 가지는데, 계수가 1로 학습되었으므로 동일한 관계(수학 등급=영어 등급)를 가진다.

마찬가지로 β_2를 해석해 보면, 이 계수는 성별이 영어 등급에 영향을 주는 정도가 된다. 성별을 수치화할 때 남학생을 0, 여학생을 1이라고 했으므로 여학생일수록 숫자가 커진다고 할 수 있다. 따라서 여학생일수록 영어 등급은 −8의 비율로 떨어진다. 실제로 다음 그래프에서도 볼 수 있듯이, 여학생들 포인트의 영어 등급이 전반적으로 남학생들에 비해 떨어지는 것을 확인할 수 있다. 결과적으로 학습된 수식을 보면, 성별이라는 공변량을 추가한다는 것은 절편이 다른 두 선형 모델을 학습하여 이러한 차이를 반영할 수 있다는 이야기다.

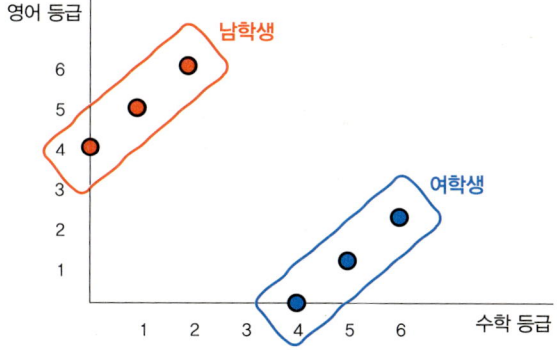

그림 1-26 남학생과 여학생 데이터의 상대적 위치

그런데 여기에서 의문점이 하나 들 수 있다. 운이 좋게도 남학생과 여학생 각각의 데이터를 들여다보았을 때, 둘 다 똑같이 기울기가 1이어서 문제없었지만, '남학생은 기울기가 1이고, 여학생은 1.2 이런 식으로 기울기가 조금이라도 달랐다면 과연 정확하게 학습이 가능했을까?'라는 의문점이 들 수 있다. 여기에서 상호 작용 효과가 필요한 이유가 등장한다. 이 부분은 다음에 이어질 궁금증에서 자세히 알아보고, 우선 지금까지 내용을 정리해 보자.

인과관계를 평가하는 가장 정확한 방법은 무작위 대조 시험을 하는 것이다. 이를 통해서만 정확한 인과추론이 가능(물론 무작위 대조 시험을 정확하게 수행했을 때)하고, 신약이 승인될 정도의 신뢰성을 가진다. 하지만 여건상 모든 분석을 무작위 대조 시험으로 할 수 없기에 관측 데이터를 토대로 인과성에 최대한 가까운 결론을 내리고자 한다면, **교란자가 될 만한 변수를 잘 추려 내어 공변량으로 제어해야 한다.** 이때 공변량에 따라서 그 연관성 정도(기울기)까지 변화하면 공변량과 입력 변수 사이의 상호 작용 효과도 추가해야 한다. 하지만 앞서 말했듯이, 이러한 조치를 취하는 것은 어디까지나 회귀 분석이라는 프레임 내에서 인과에 가까워지려는 최선의 노력이지 100% 인과라고는 할 수 없다. 우리가 추가한 공변량 이외에도 예상치 못한 잠재된 교란자들이 존재할 수 있고, 입력 변수와 출력 변수가 서로 반대로 영향을 줄 수 있는 것처럼 인과관계의 관계성이 더욱 복잡할 수 있기 때문이다. 더욱 다양한 상황에서 인과성에 관심이 있다면 인과추론이라는 분야를 공부하길 바란다.

궁금증 07

상호 작용 효과를 추가한다는 것의 직관적인 의미는?

지금까지는 공변량을 단순하게 추가하는 형태로 선형 모델을 확장시켜서 다중 선형회귀로 만들었다. 그런데 앞서 예제에서의 공변량인 성별에 따라서 그 상관성 정도(계수)가 다르다면(그래프에서 기울기가 서로 다르다면), 공변량을 단순히 더하는 것(절편이 다른 특징을 보정)이 아니라 입력 변수와의 곱인 상호 작용 효과를 추가해야 한다. 즉, 모델은 다음과 같다.

$$영어\ 등급 = \beta_1 \times 수학\ 등급 + \beta_2 \times 성별 + \beta_3 \times 수학\ 등급 \times 성별 + \beta_0$$

이 수식에서 빨간색으로 표시된 부분이 상호 작용 효과다. 이 모델을 기반으로 계수를 학습하는 예시를 한 번 다루어 보자. 우선 이번에는 데이터 패턴이 그림 1-27과 같다고 가정해 보자. 즉, 데이터 특징을 앞과 동일하게 (수학 등급, 영어 등급, 성별)로 한다면, 남학생은 앞과 동일하게 (0, 4, 0), (1, 5, 0), (2, 6, 0)이 되고 여학생은 (4, 0, 1), (5, 2, 1), (6, 4, 1)이 된다.

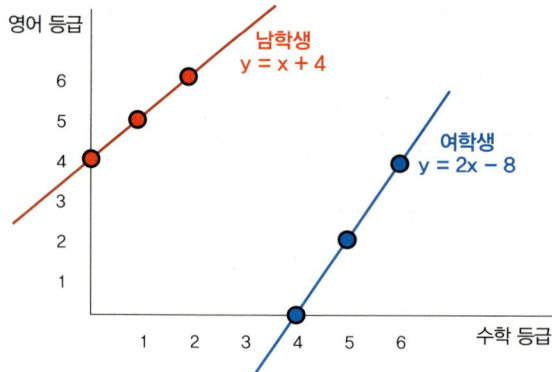

그림 1-27 상호 작용 효과의 필요성을 확인하는 예시

먼저 남학생 데이터를 상호 작용이 포함되어 있는 모델에 넣어 보자.

$$4 = \beta_1 \times 0 + \beta_2 \times 0 + \beta_3 \times 0 \times 0 + \beta_0$$

$$5 = \beta_1 \times 1 + \beta_2 \times 0 + \beta_3 \times 1 \times 0 + \beta_0$$

$$6 = \beta_1 \times 2 + \beta_2 \times 0 + \beta_3 \times 2 \times 0 + \beta_0$$

이때 0을 곱하면서 β_2와 β_3은 학습할 수 없고, β_1은 그래프에서 보이듯이 1이고, β_0은 4로 학습된다. 그러면 여기에서 학습한 계수들을 넣은 상태로 여학생 데이터를 모델에 넣어 보자.

$$0 = 1 \times 4 + \beta_2 \times 1 + \beta_3 \times 4 \times 1 + 4$$

$$2 = 1 \times 5 + \beta_2 \times 1 + \beta_3 \times 5 \times 1 + 4$$

$$4 = 1 \times 6 + \beta_2 \times 1 + \beta_3 \times 6 \times 1 + 4$$

이때 여학생들의 수학 등급을 입력 변수로 둔다면 다음과 같이 수식을 정리할 수 있다. 따라서 여학생의 수학 등급을 입력 변수로 했을 때, 계수는 $1+\beta_3$이 된다는 것을 알 수 있다.

여학생 영어 등급 $= 1 \times$ **여학생 수학 등급** $+ \beta_2 \times 1 + \beta_3 \times$ **여학생 수학 등급** $+ 4$
$= (1 + \beta_3) \times$ **여학생 수학 등급** $+ \beta_2 + 4$

$1+\beta_3$은 그래프에서 여학생 데이터 포인트들만 고려했을 때의 기울기에 해당한다. 즉, 상호 작용 효과를 넣었을 때는 이렇게 다른 그룹의 기울기를 따로 학습하게 된다. 그래프에서 그 정도가 2라고 했으므로, 여기에서는 $\beta_3=1$로 학습될 것이다. 그리고 절편에 해당하는 $\beta_2+4=-8$이므로, $\beta_2=-12$로 학습될 것이다. 그러면 앞서 여학생 데이터를 모델에 넣은 상태로 학습된 계수를 넣어서 확인해 보면, 다음과 같이 모든 등식이 성립함을 확인할 수 있다.

$$0 = 1 \times 4 - 12 \times 1 + 1 \times 4 \times 1 + 4$$

$$2 = 1 \times 5 - 12 \times 1 + 1 \times 5 \times 1 + 4$$

$$4 = 1 \times 6 - 12 \times 1 + 1 \times 6 \times 1 + 4$$

자, 그러면 다시 최종적으로 상호 작용 효과가 포함된 다중 선형회귀 모델에 학습된 계수를 넣어서 표현하면 다음과 같다.

영어 등급 $= \beta_1 \times$ **수학 등급** $+ \beta_2 \times$ **성별** $+ \beta_3 \times$ **수학 등급** $\times$ **성별** $+ \beta_0$

영어 등급 $= 1 \times$ **수학 등급** $- 12 \times$ **성별** $+ 1 \times$ **수학 등급** $\times$ **성별** $+ 4$

여기에서 β_1이 의미하는 것은 엄밀히 따지면 남학생의 수학 등급이 영어 등급에 대한 연관성 정도가 되고, β_2는 성별이 영어 등급에 영향을 미치는 연관성 정도가 된다. 또 $\beta_1+\beta_3$은 여학생의 수학 등급이 영어 등급에 영향을 미치는 연관성 정도가 된다. 마지막으로 β_0은 남학생의 수학 등급이 0일 때 영어 등급, 즉 남학생 데이터의 y절편이 된다. 여학생 데이터의 y절편은 성별에 1을 넣어서 계산된 −12에 남학생 절편인 4를 더해서 −12+4=−8이 된다.

이것으로 상호 작용 효과가 언제 필요한지 정확히 알게 되었을 것이다. 어떤 카테고리로 그룹을 나누어 그 그룹 내에 연관성 정도가 서로 다른 것을 고려하여 모델을 학습하고자 한다면, 단순히 공변량을 추가하는 것 이외에 공변량과 본래의 입력 변수 사이의 상호 작용 효과를 추가하여 모델을 만들면 된다.

물론 입력 변수 여러 개를 공변량으로 넣을 수 있는데, 그중에 상호 작용 효과가 있으리라고 추정되는 것만 고려해도 되고, 입력 변수 여러 개에 대해서 가능한 모든 조합을 상호 작용 효과로 넣을 수도 있다. 하지만 그렇게 되면 학습해야 할 계수가 많아지면서 모델이 너무 복잡해지는 문제가 발생할 수 있다. 그러면 적합한 계수를 학습하기 위해서 데이터 수가 훨씬 더 많이 필요하기에 해당 문제에 대한 충분한 조사와 사전 지식을 바탕으로 필요한 경우에만 상호 작용 효과를 추가하길 추천한다. 여기에서 계속적으로 연관성이라고 표현했는데, 인과성이라고 하지 않은 것은 여전히 모델에서 고려하지 않은 숨어 있는 교란자가 존재할 수 있기 때문에 명확히 인과성이라고 표현하지 않은 것이다. 하지만 이렇게 적절한 공변량을 추가하여 제어하면 상대적으로 인과성에 가까운 결론에 도달할 것이다.

궁금증 08

현재 통계학에서 직면한 챌린지는?

요즘처럼 빅데이터 시대에 통계학에서 직면한 챌린지가 있다면 그것은 바로 고차원 데이터 문제다. 우리가 보유한 빅데이터가 샘플 크기만 크다는 의미라면 이러한 문제가 없을지 모른다. 그러나 특징(feature) 수 역시 굉장히 증가하므로 고차원 데이터 문제에서 자유로울 수 없다. 이 부분을 보다 자세히 알아보자.

고차원 데이터

고차원 데이터(high-dimensional data)를 말 그대로 차원이 높은 데이터라고만 알고 있으면 안 된다. 주로 차원과 샘플의 크기를 상대적으로 비교해서 차원이 샘플 크기보다 클 때 **고차원 데이터**라고 한다. 이때 **차원의 저주**(the curse of dimensionality)를 불러일으킨다.

학급별 수학 성적에 대한 샘플 데이터를 예로 들어 보자. 보통 일반적인 데이터는 그림 1–28과 같이 차원(p)은 샘플 크기(n)보다 작은 값을 가진다.

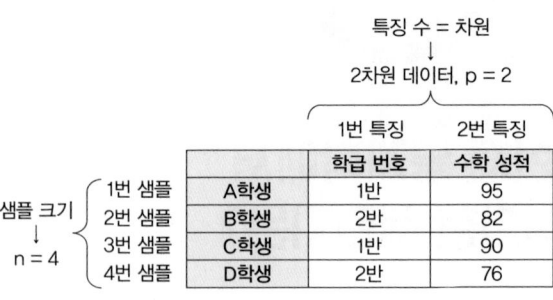

그림 1-28 일반적인 입력 변수

하지만 간혹 몇몇 데이터는 이러한 부등호가 반대로 되는 경우가 있다. 즉, 다음과 같은 상황이다.

차원(p) > 샘플 수(n)

이러한 데이터를 고차원 데이터라고 한다. 고차원 데이터는 생물 데이터에서 주로 등장한다. 사람마다 생물학적으로 다른 변수들이 너무도 다양하게 존재하기 때문이다.

한 예로, 한 사람당 보유한 유전자 개수는 2만 개 이상인데, 그 정도로 많은 유전자 정보를 그보다 많은 사람에게서 측정하는 것은 비용과 노동, 시간 측면에서 쉽지 않으므로 샘플 크기가 차원보다 작은 경우가 많이 발생한다.

고차원 데이터를 그림으로 예시화하면 그림 1-29와 같다. 예시에는 이전 데이터에서 학생들의 변수 개수를 늘려서 네 개로 만들었고, 샘플은 학생 세 명만 선택했다. 그리하여 다소 극단적인 예제일 수 있지만, 샘플 크기 $n=3$이고 차원 $p=4$인 상황을 만들었다($p > n$).

		1번 특징	2번 특징	3번 특징	4번 특징
		성별	학급 번호	영어 성적	수학 성적
1번 샘플	A학생	남성	1반	64	95
2번 샘플	B학생	여성	2반	87	82
3번 샘플	C학생	여성	1반	56	76

특징 수 = 차원 → 4차원 데이터, p = 4

샘플 크기 → n = 3

그림 1-29 고차원 데이터의 입력 변수

이 경우에도 원칙적으로 고차원 데이터다. 하지만 실용적으로는 차원이 샘플 크기보다 과도하게 많을 때 고차원 데이터라고 한다. 그래서 우리는 차원을 줄일 수 있다면 최대한 줄이는 것(차원 축소)에 관심이 많다.

지금까지 통계학이 직면한 문제점을 알아보았는데, 이러한 문제점을 해결할 여러 통계적인 방법과 통계 분석에서 차원 개념을 다른 측면에서 좀 더 살펴볼 것이다.

궁금증 09

통계 분석에서 차원이란

우선 지금까지 계속 차원을 이야기하고 있는데, 데이터 분석에서 의미하는 차원 개념을 보다 명확하게 정리할 필요가 있다. 일반적으로 기하학에서는 1차원은 선, 2차원은 면, 3차원은 공간을 의미한다. 4차원은 시간 등으로 확장되는데, 사실 실제로는 우리가 3차원까지만 눈으로 볼 수 있어 4차원 이상부터는 머릿속에서 그림이 잘 그려지지 않는다. 하지만 4차원 이상을 어렵게 상상할 필요는 없다. 변수 사이의 관계가 4차원 이상에서 발생하는 것은 대부분 3차원 내에서 비교하여 직관을 얻고 난 뒤에 높은 차원으로 확장해도 충분하기 때문이다. 다만 4차원 이상의 데이터가 있을 수 있다는 것을 인지하고, 어떤 형태로 존재하며, 입력 변수 내에서 무엇을 의미하는지 정도만 이해하면 된다.

우선 앞서 고차원 데이터의 입력 변수로 소개한 학생들의 성적과 성별 등 변수들이 있는 데이터를 1차원부터 4차원까지 시각화하겠다. 먼저 수학 성적을 토대로 샘플들의 데이터를 그래프로 시각화하면 그림 1-30과 같다.

그림 1-30 A·B·C학생의 수학 성적(1차원 데이터)

2차원 데이터는 다음 그림과 같이 평면상에서 우리가 익숙한 형태의 $x-y$ 좌표축에 두 차원을 넣어 대응되는 샘플의 개별 값을 표시하면 된다. 여기에서는 영어 성적을 두 번째 차원으로 추가했다.

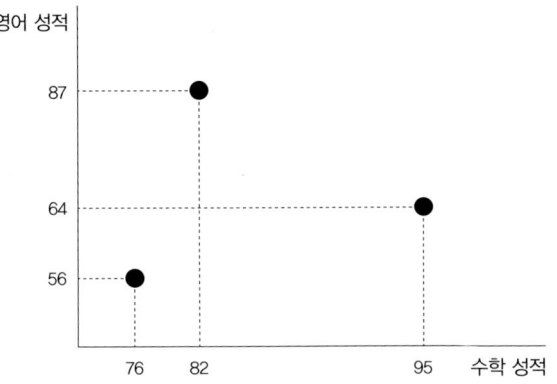

그림 1-31 A·B·C학생의 수학 성적과 영어 성적(2차원 데이터)

지금까지는 연속형 데이터만 사용해서 그래프에 표시했는데, 세 번째 차원은 학급 번호로 범주형 데이터에 속한다. 이것도 그림 1-32와 같이 표현할 수 있다. 물론 다른 형태로 표시할 수도 있지만, 일단 좌표축으로 표시했다.

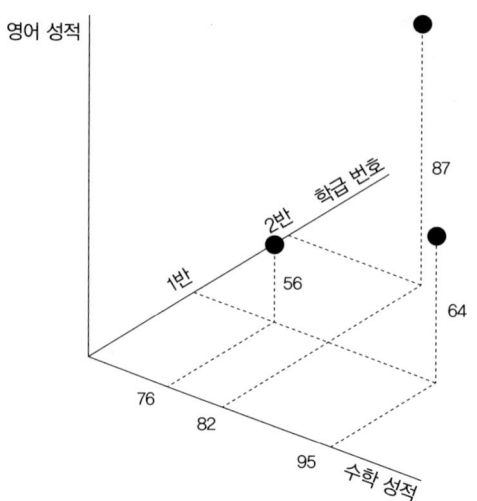

그림 1-32 A · B · C학생의 수학 성적, 영어 성적, 학급 번호(3차원 데이터)

마지막 네 번째 차원도 마찬가지로 범주형으로 성별을 추가했다. 그런데 4차원부터는 이전과 같은 형태로 차원을 추가하기가 어렵다. 각 차원은 서로 독립이어야 하기에 기하학적으로 표현할 수 있는 최대는 3차원까지이기 때문이다. 4차원부터는 다른 형태로 표시해야 한다.

가능한 방법으로는 데이터 포인트의 형태를 바꾸거나 명암도를 조절하면서 연속적인 값이든 범주형 값이든 표현하는 것이 있다. 다음 그림에서는 네 번째 차원에 해당하는 성별이라는 데이터 색깔을 검은색과 흰색으로 구분해서 나타냈다.

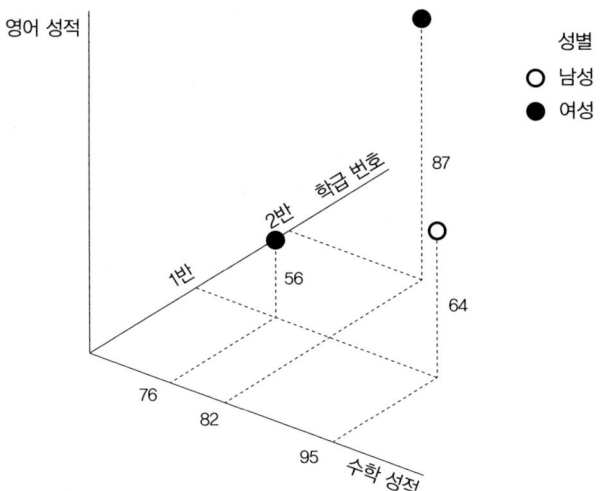

그림 1-33 A · B · C학생의 수학 성적, 영어 성적, 학급 번호, 성별(4차원 데이터)

이후로도 추가적인 특징이 있을 때는 앞서 설명한 모양을 바꾸는 것처럼 다양한 방법을 사용해서 시각화할 수 있다. 결국 R 같은 통계 분석 프로그램에서는 **데이터 프레임**이나 **행렬**의 형태로 다루고 필요한 통계 분석을 거치게 된다. 즉, 차원이라고 해서 어렵게 생각할 필요 없이 데이터 분석에서는 원하는 만큼 특징을 넣어서 간단한 테이블 형태로 분석하면 되는 것이다.

> 궁금증
> 10

차원(입력 변수에서 특징 수)을 줄이는 방법은?

앞서 다룬 고차원 데이터 문제는 반드시 해결한 뒤 통계 분석을 진행해야 한다. 그렇지 않으면 거의 쓸모없는 분석 결과를 얻을 것이다. 그렇기에 차원을 줄이려고 다양한 방법을 개발해 왔다. 지금부터 하나씩 살펴보자.

(1) 데이터에 대한 사전 지식을 활용하는 방법

데이터가 실제로 어떤 의미를 지니는지 파악하는 것이 차원을 줄이는 데 많은 도움이 될 때가 있다. 예를 들어 생물학적 지식에 기반을 두고 선별한 특정한 유전자들의 발현량만 살펴봄으로써 전체 유전자의 발현량을 모두 측정할 필요가 없다. 이 때문에 줄어든 유전자 개수(차원)에 상응하게 샘플 수도 충분히 확보할 수 있다.

이후 설명할 방법들은 대부분 통계적이고, 수학적인 방법에 근거하여 차원을 줄여 나가는 것이다. 사전 지식을 사용하는 방법은 유일하게 실제 데이터 의미 자체에 집중하기 때문에 더욱 안전하게 분석자가 차원을 줄여 나갈 수 있는 방법이다. 물론 분석자 개개인의 사전 지식 수준에 따른 리스크는 감수해야 할 것이다.

(2) 입력 변수의 특징 간에 상관관계를 파악하는 방법

사실 우리가 보유한 데이터에 대해서 차원이라고 말을 한 순간 이미 데이터 차원들은 서로 독립이어야 한다. 앞서 2차원 데이터의 좌표축을 봐도 알 수 있듯이, 서로 다른 차원끼리는 서로 독립인 것이 기본적인 전제다. 하지만 보통 완벽하게 독립이 아니라도 어느 정도는 통계적인 학습이 가능하다. 물론 엄밀하게 정확한 결과를 얻으려면 우선 독립성을 확실히 확보해야 한다. 그래서 입력 변수 특징 사이에 상관관계가 파악된다면, **의존적인 두 특징 중 한 특징을 제거하여 차원을 줄일 수 있다.** 예를 들어 체질량지수(Body Mass Index, BMI)라는 지표가 하나의 특징으로 드러났다고 하자. 체질량지수는 다음 공식으로 구할 수 있다.

$$체질량지수 = \frac{몸무게}{키^2}$$

공식에서 알 수 있듯이, 체질량지수는 몸무게와 키에 따라 결정되는 값이다. 다른 특징 중에 키와 몸무게의 값이 이미 있다면 체질량지수는 중복된 정보가 될 수 있다. 이때는 체질량지수를 제거하거나 체질량지수의 영향을 보고 싶다면 반대로 몸무게 또는 키 정보를 특징에서 제거하면 된다.

이렇게 완전한 상관관계를 가지는 특징을 포함시켜서 회귀 분석을 수행하면 결과가 정확하지 않을 수 있다. 따라서 특징 사이의 상관관계, 즉 의존성을 파악할 수 있다면 서로 독립이 되는 특징들만 남겨 두어 차원을 줄여 나가는 것이 필요하다.

(3) 부분집합 선택을 사용하는 방법

부분집합 선택은 말 그대로 여러 변수가 있을 때, 이 중 몇몇 부분집합만 선택하여 선택한 변수만 분석에 사용하는 것이다.

최적 부분집합 선택

최적 부분집합 선택(best subset selection)에서는 모든 변수 사이에 가능한 쌍을 모두 고려하여 그중 가장 성능이 잘 나오는 변수들만 선택하는 방법이다. 입력 변수 개수가 하나인 $p=1$인 경우 다음과 같이 부분집합이 총 p개 생긴다.

$$_pC_1 = \frac{p!}{1!\,(p-1)!} = p$$

p가 1이라는 것은 변수를 한 개만 모델에 선택적으로 넣겠다는 의미다. 다음과 같은 총 가능한 경우로 모델을 p개 만들 수 있다.

$$y = \beta_0 + \beta_1 x_1$$
$$y = \beta_0 + \beta_2 x_2$$
$$\dots$$
$$y = \beta_0 + \beta_p x_p$$

따라서 p를 2라고 하면, 다음과 같이 조합으로 변수 p개 중에서 두 개를 순서를 생각하지 않고 선택하는 것이다. $p(p-1)/2$개의 부분집합을 확인해야 한다.

$$_pC_2 = \frac{p(p-1)}{2}$$

그리고 다음과 같이 두 입력 변수를 넣은 모든 경우의 수에 대해서 성능 평가를 실시하여 거기에서 가장 성능이 좋은 모델을 선택한다.

$$y = \beta_0 + \beta_1 x_1 + \beta_2 x_2$$
$$y = \beta_0 + \beta_1 x_1 + \beta_3 x_3$$
$$\dots$$
$$y = \beta_0 + \beta_{p-1} x_{p-1} + \beta_p x_p$$

여기에서 p를 k라고 일반화하는 경우, 다음과 같이 p개 중에 조합 수 k개가 총 살펴보아야 하는 모델이 된다.

$$_pC_k = \frac{p!}{k!\,(p-k)!}$$

그러면 결국 최적 부분집합 선택에서는 p가 1부터 p까지 모든 경우의 수를 다 확인해야 하기 때문에 계산량이 엄청나다. 이때 총 계산해야 하는 모델 수는 다음과 같이 2의 p제곱이 된다.

$$x_1 \quad x_2 \quad x_3 \quad \dots \quad x_p$$
$$2 \times 2 \times 2 \times \dots \times 2 = 2^p$$

따라서 이러한 최적 부분집합 선택은 어떻게 보면 모든 경우를 다 살펴본다는 측면에서 가장 최적의 모델을 찾는다고 볼 수도 있지만, 계산량이 너무 비효율적으로 많다는 단점도 있다. 단점은 전진 선택(forward selection)과 후진 제거(backward elimination)로 보완한다.

궁금증 11

전진선택과 후진제거에서 놓칠 수 있는 경우는?

우선 **전진 선택**은 입력 변수가 하나부터 시작해서 가장 성능이 좋은 모델을 선택하고, 이렇게 선택된 입력 변수를 포함하여 이후 입력 변수 개수를 늘려 그중 가장 성능이 좋은 모델을 선택하는 방법이다. 즉, 모델에 입력 변수를 하나씩 순서대로 넣으면서 최적의 모델을 찾는다. 반면에 **후진 제거**는 전진 선택과는 반대로 전체 입력 변수에서 하나씩 제거하면서 성능을 떨어뜨리는 변수를 제거하여 최적의 모델을 찾는 방법이다.

여기에서는 이 두 방식에서 놓칠 수 있는 상황을 살펴보겠다. 먼저 최적 부분집합 선택과 비교하여 전진 선택에서 보이는 허점을 살펴보자. 다음과 같이 최적 부분집합 선택 결과 p가 1일 때는 x_1만 선택되고, p가 2일 때는 x_2와 x_3이 선택되었다고 하자.

최적 부분집합 선택 결과

$p = 1, \ x_1$

$p = 2, \ x_2 \ x_3$

동일한 데이터에 전진 선택 방법을 쓰면 순서대로 기존에 최적이라고 판단된 변수를 포함한 상태에서 이후의 변수를 추가한다. 이 경우 p가 1일 때, x_1이 최적 부분집합 선택에서 최적이었으면 여기에서도 마찬가지다. 그러면 p가 2로 늘어났을 때 x_1은 무조건 가져간다. 따라서 최적의 모델이 x_1을 포함하지 않은 상태라면 결코 최적 부분집합 선택 결과는 구할 수 없다. 이 예제에서는 x_2와 x_3 이 두 변수가 포함되었을 때 오히려 성능이 잘 나왔는데, x_1이 포함된 상태에서는 결코 이 조합을 찾을 수 없는 허점이 생기는 것이다.

전진 선택 결과
$$p = 1, \boxed{x_1}$$
$$p = 2, \boxed{x_1} \ x_2$$

(최적 모델 추정 실패!)

물론 변수가 하나일 때 최적인 변수는 여러 변수의 최적에도 기여하는 경우가 많지만, 그렇지 않은 예외도 있기 때문에 이 부분을 신경 써서 분석 결과를 이해해야 한다.

마찬가지로 후진 제거 방법에서도 비슷한 문제가 발생한다. 앞의 데이터와 동일한 데이터에서 p가 2인 경우에 후진 제거 방법에서는 최적의 모델을 구성하는 입력 변수는 x_2와 x_3이라고 할 것이다. 하지만 이후에 p가 1일 때 후진 제거 방법에서는 기존 최적 모델의 입력 변수들을 기반으로 제거할 변수를 찾기에 다음과 같이 x_2와 x_3 둘 중 개별적으로 모델을 구성했을 때 성능이 더 잘 나오는 변수를 선택할 것이다. 따라서 여기에서 후보군에도 존재하지 않는 x_1은 놓치게 된다.

후진 제거 결과

$p = 2$, $\boxed{x_2}$ x_3

$p = 1$, $\boxed{x_2}$

(최적 모델 추정 실패!)

이러한 허점들을 보완하고자 전진 선택과 후진 제거를 둘 다 고려한 단계별 선택(stepwise selection)도 있다.

(4) 정규화 기법 사용하기

궁금증 10의 (1)~(3)에서는 모두 입력 변수(또는 특징) 자체를 없애는 것에 관심이 있었다. 이를 수식으로 표현하면 다음과 같다.

$$y = \beta_0 + \beta_1 x_1 + \beta_2 x_2 + \cdots + \beta_p x_p + \varepsilon$$

여기에서 y는 출력 변수가 되고 x_1, x_2, $\cdots$, x_p는 입력 변수들(p개)에 해당한다. 이때 각각의 입력 변수 앞에 어떤 상수 값(β)을 곱하고 더한 뒤, ε이라는 오류 값을 포함시켜서 나온 결과를 출력 변수로 하는 다중 선형회귀 모델을 학습한다고 생각했을 때, 입력 변수 몇몇을 제거하는 것이 목표였다.

이번에는 입력 변수 자체를 없애 버리는 것이 아니라 **입력 변수 앞에 곱해져 있는 상수 값을 줄이거나**(다음 수식에서 파란색 화살표로 표시: 릿지) **0으로 만드는**(다음 수식에서 빨간색 곱셈 기호로 표시: 라쏘) **과정**을 거쳐 차원을 줄여 보고자 한다. 이를 수식화하면 다음과 같다.

$$y = \beta_0 + \beta_1 x_1 + \beta_2 x_2 + \cdots + \beta_p x_p + \varepsilon$$

입력 변수 앞에 곱해져 있는 상수 값은 **해당 입력 변수가 얼마나 출력 변수에 영향을 주는지의 정도를 의미한다.** 그러한 영향이 매우 작으면 사실 그 입력 변수는 의미가 거의 없다. 그렇다면 차원의 저주에 영향을 덜 받게 될 것이다. 보다 극단적으로 아예 상수 값을 0으로 만들어 버리면 입력 변수에 어떤 값이 있다고 하더라도 결국 0과 곱해지기 때문에 해당 텀은 0이 되어 차원이 사라지는 효과를 줄 수 있다.

이렇게 앞에 곱해진 상수 값을 계수라고 한다. 이러한 계수 값 중 몇몇을 매우 감소시켜 주는 정규화(regularization) 기법을 **릿지**(ridge)라고 하며, 몇몇 계수를 0으로 완전히 만드는 정규화 기법을 **라쏘**(lasso)라고 한다.

이 두 가지 정규화 기법을 설명하기 전에 우선 기본적인 선형회귀 분석에서 학습할 때 목표를 알아보자. 다음 수식은 입력 변수를 p개 가지는 다중 선형회귀 분석에서의 모델이다. 여기에서는 i라는 인덱스를 추가하여 보다 구체적으로 샘플 각각을 구분했다. 즉, y_1은 첫 번째 샘플의 y값이 된다.

$$y_i = \beta_0 + \beta_1 x_{i1} + \beta_2 x_{i2} + \cdots + \beta_p x_{ip} + \varepsilon = \beta_0 + \sum_{j=1}^{p} \beta_j x_{ij} + \varepsilon$$

여기에서 ε은 일반적으로 오류라고 말할 수 있는데, '궁금증 48'에서 설명하겠지만 모집단에서는 오차가 되고 샘플 데이터에서는 잔차가 된다. 여기에서는 실제 샘플들이 대상이므로 잔차가 되며, 정리하면 잔차는 다음과 같다.

$$잔차_i = \left(y_i - \beta_0 - \sum_{j=1}^{p} \beta_j x_{ij} \right)$$

이때 **잔차제곱합**(Residual Sum of Squares, RSS)은 다음과 같이 i번째 샘플 각각에 대한 잔차에 제곱하여 모두 더한 값이 된다.

$$잔차제곱합 = \sum_{i=1}^{n} \left(y_i - \beta_0 - \sum_{j=1}^{p} \beta_j x_{ij} \right)^2$$

이러한 **잔차제곱합에 대한 최솟값 문제를 푸는 것이 일반 다중 선형회귀에서 학습을 하는 것이다.** 하지만 라쏘나 릿지는 여기에 패널티를 부과하거나 잔차제곱합을 목적 함수로 하고 제한 조건을 추가한다.

라쏘 VS 릿지 정규화

여기에서 라쏘는 우리가 최소화시켜야 하는 목적함수는 잔차제곱합이 되고, **제한 조건은 학습해야 할 파라미터들의 절댓값 합이 어떤 상수 값 이하에 있는 것들만 해당되어야 한다는 것이다.** 다음 수식을 보자.

라쏘 목적함수: 잔차제곱합

$$\sum_{i=1}^{n} \left(y_i - \beta_0 - \sum_{j=1}^{p} \beta_j x_{ij} \right)^2$$

라쏘 제한 조건

$$\sum_{j=1}^{p} |\beta_j| \leq c$$

릿지에서도 마찬가지로 다음과 같이 목적함수는 동일하고, **제한 조건은 파라미터에 대한 절댓값이 아닌 제곱을 하는 부분만 다르다.**

릿지 목적함수: 잔차제곱합

$$\sum_{i=1}^{n}\left(y_i - \beta_0 - \sum_{j=1}^{p}\beta_j x_{ij}\right)^2$$

릿지 제한 조건

$$\sum_{j=1}^{p}\beta_j^2 \leq c$$

이를 보다 쉽게 이해할 수 있게 그림으로 표현하면 그림 1-34와 같다. 검은색 포인트는 제한 조건이 없을 때 잔차제곱합(RSS)이 최소가 되는 최적의 해다. 이때 제한 조건을 적용하면 아래쪽에 있는 **마름모(라쏘의 경우)** 또는 **원(릿지의 경우)** 형태의 범위인 빨간색으로 색칠된 부분 내에 반드시 해가 있어야 한다. 여기에서 라쏘를 사용하면 그림 1-34의 예시처럼 파란색 포인트가 최적의 해가 된다. 이때 β_1은 0이고 β_2는 어떤 값을 가진다. 즉, 극단적으로 하나의 파라미터 값을 없애 버리는 효과가 있다. 반면에 릿지를 사용하면 여전히 β_1 값은 작지만 어느 정도는 값을 유지한다. 하지만 기존 검은색 포인트일 때보다는 그 값이 줄어 β_1의 영향을 낮춘다.

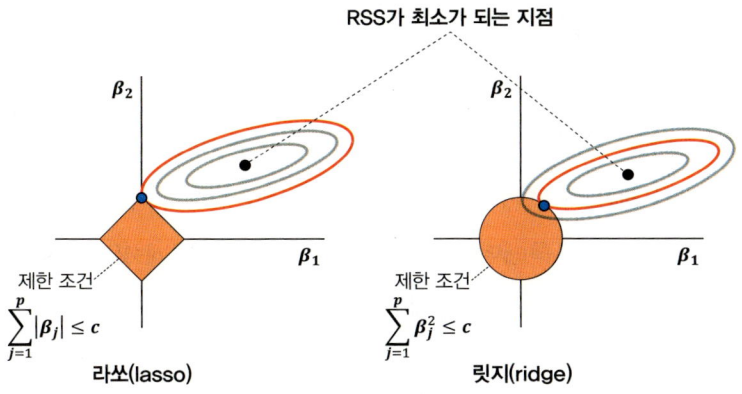

그림 1-34 라쏘와 릿지의 시각적 비교

물론 라쏘에서도 항상 마름모의 꼭짓점에서 최적의 해를 구하지 않고 릿지처럼 애매한 영역에서 최적의 해를 구할 수도 있다. 다만 확률적으로 원보다는 마름모 형태일 때 좀 더 극단적으로 한쪽 파라미터 값을 무시할 정도로 작아질 수 있다. 이때 **노름**(norm)이라는 개념으로 극단성을 조절할 수 있는데, 이 노름 형태는 다음과 같이 다양하며 **k 값이 작아질수록 더욱 극단적으로 변수 선택을 하는 경향이 있다**. 보통은 k=2(릿지)와 k=1(라쏘)의 경우를 사용하고, 이 둘의 특징을 합쳐 놓은 엘라스틱넷(elastic net)도 있다.

$$\sum_i |\beta_i|^k$$

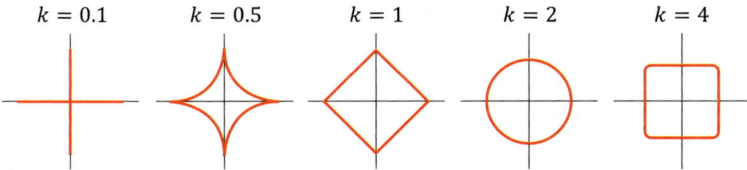

그림 1-35 노름의 다양한 형태

(5) 주성분 분석 사용하기

마지막으로는 주성분 분석(Principal Component Analysis, PCA)을 사용하는 방법이 있다. 주성분 분석은 사실 통계 분석에서 중요한 주제이기 때문에 보다 자세히 설명해야 하지만, 이론의 근간은 선형대수학이다. 근본부터 설명하자면 고윳값과 고유벡터부터 시작해야 한다. 이 책은 통계 분석에 필요한 통계학 관련 이론을 설명하는 통계학 책이기 때문에 아주 자세한 선형대수학 내용은 생략하고, 직관적으로 주성분 분석을 해서 무엇을 할 수 있는지 위주로 설명했다.[1]

주성분 분석은 계수 값을 줄이거나 0으로 만드는 것이 아니라, 입력 변수를 아예 다른 값으로 변환시킨다. 정확하게는 앞서 다룬 것들처럼 입력 변수(또는 특징) 값을 제거하여 차원을 줄인다기보다는 **기존 입력 변수를 표현하는 좌표축을 다른 좌표축으로 변환시킨 뒤 데이터를 가장 잘 설명할 수 있는 몇몇 차원만 선택하여 차원을 줄인다.** 여기에서 데이터를 가장 잘 설명할 수 있다는 의미는 해당 변수의 분산이 크다는 것을 의미한다. 분산이 크면 데이터를 잘 설명할 수 있다는 것은 '궁금증 15'에서 설명했으니 참고하길 바란다.

먼저 다음과 같이 분포되어 있는 데이터가 있다고 하자. 이 데이터의 입력 변수는 2차원으로, x_1과 x_2로 구성되어 있다고 하자. 이 두 변수로 검은색 포인트의 데이터를 나타내면 (0.2, 0.4)가 된다.

---

[1] 주성분 분석에 대한 자세한 직관을 이해하고자 한다면 저자의 블로그를 참고하길 바란다.
https://blog.naver.com/sw4r

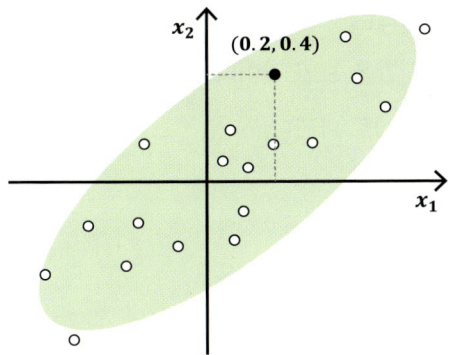

그림 1-36 주성분 분석 예시 데이터 분포

이를 수식화하면 다음과 같이 두 입력 변수를 가진 다중 선형회귀 모델이 된다.

$$y = \beta_0 + \beta_1 x_1 + \beta_2 x_2 + \varepsilon$$

앞의 그래프에서는 2차원으로 입력 변수들의 정보만 표현했는데, 실제로 데이터를 모두 그린다면 3차원으로 출력 변수인 y값도 표현할 수 있을 것이다. 예를 들어 우리가 바라보는 방향으로 축을 하나 더 그어서 해당 축을 y라 하고 값을 넣으면 된다. 하지만 여기에서는 3차원 값들은 보이지 않았고, 입력 변수들의 값만 보여 주었다. 이것만 가지고도 주성분 분석은 가능하다는 의미다. 이렇듯 출력 변수를 고려하지 않고 입력 변수만으로 분석하는 것을 **비지도학습**(unsupervised learning)이라고 한다. 즉, 주성분 분석은 비지도학습 중 하나인 것이다.

그런데 여기에서 데이터의 분포 형태를 보면 x축이나 y축으로는 가장 큰 분산을 가질 수 없다는 것을 대략만 봐도 알 수 있다. 그래서 이러한 축을 회전시키면서 해당 축에서 가장 분산이 큰 경우를 찾아 주면 그림 1-37과 같다. 빨간색 좌표축(v_1)으로 데이터를 모두 정사영시키고 분산을 계산하면 어떤 축에서 계산한 분산보다 가장 큰 값을 보일 것이다. 이때 이전에 좌표축에서는 (0.2, 0.4)였던 값이 (0.6, 0.1)로 바뀐다.

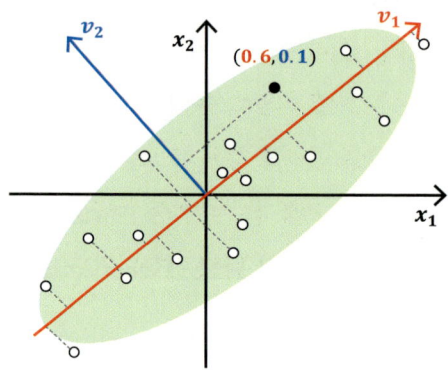

그림 1-37 주성분 분석 이후 변환된 좌표축에서 데이터

그러면 다음과 같이 기존 모델에서 주성분 분석 이후로는 차원이 x에서 v로 변경된다.

$$y = \beta_0 + \beta_1 x_1 + \beta_2 x_2 + \varepsilon$$

↓ 주성분 분석 수행 후 차원 공간 변환

$$y = \beta_0' + \beta_1' v_1 + \beta_2' v_2 + \varepsilon$$

그러면 최종적으로는 그림 1-38과 같이 **변환된 좌표축 중에서 크게 영향을 주지 않는 좌표축을 제거하는 방식으로 차원을 축소할 수 있다.** 이 예제에서는 그림 1-38과 같이 첫 번째 주성분에 해당하는 v_1이 데이터의 대부분을 설명할 수 있어서 두 번째 주성분에 해당하는 v_2는 제거했다. 그리하여 최종적으로 주성분 분석을 해서 차원 축소가 된 좌표에서 검은색 포인트는 (0.6)으로만 표현된 것을 볼 수 있다.

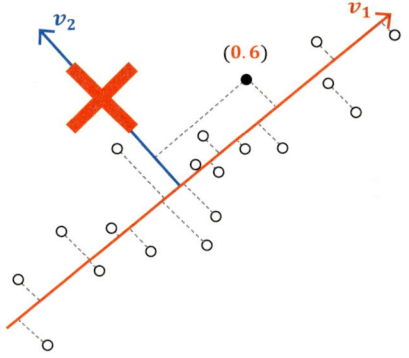

그림 1-38 변환된 좌표축 중에 제거된 좌표축

이것을 수식으로 정리하면 다음과 같다.

$$y = \beta_0 + \beta_1 'v_1 + \beta_2 'v_2 + \varepsilon$$

↓ 주요한 차원들(한 개)만 선택

$$y = \beta_0' + \beta_1 'v_1 + \varepsilon$$

이 과정을 입력 변수 두 개가 아니라 p개로 일반화하면 다음과 같은 수식 과정을 거쳐 주성분 분석이 된다.

$$y = \beta_0 + \beta_1 x_1 + \beta_2 x_2 + \cdots + \beta_p x_p + \varepsilon$$

↓ 주성분 분석 수행 후 차원 공간 변환

$$y = \beta_0' + \beta_1 'v_1 + \beta_2 'v_2 + \cdots + \beta_p 'v_p + \varepsilon$$

↓ 주요 차원들(m개)만 선택

$$y = \beta_0' + \beta_1 'v_1 + \cdots + \beta_p 'v_m + \varepsilon$$

궁금증 13

중심극한정리 VS 큰 수의 법칙

중심극한정리(Central Limit Theorem, CLT)와 큰 수의 법칙(Law of Large Numbers, LLN)은 통계학을 조금만 공부해도 자주 등장하는 개념이라는 것을 알 수 있다. 그런데 이 둘은 뭔가 비슷하면서도 다른 구석이 있다. 실제로 이 둘을 혼동할 때도 많으므로 정확하게 그 차이를 이해하는 것이 필요하다.

큰 수의 법칙

큰 수의 법칙은 단순한 개념인데, 은근히 애매한 부분이 있어서 깔끔하게 알아보자. 이 개념을 알아보기 전에 먼저 **수학적 확률**과 **통계적 확률**을 간략히 복습해 보자. 이 두 개념은 고등학교 과정에 포함된 내용으로, 먼저 통계적 확률은 이름에서도 볼 수 있듯이 통계라는 개념이 들어 있어야 한다. 즉, 통계와 관련되었다는 것은 샘플링과 관련이 있다는 것이고, 샘플링으로 샘플을 추출했을 때 내가 가진 샘플들만 사용해서 확률을 계산한 것이다.

주사위를 던지는 문제에 빗대어 생각해 보자. 통계적 확률은 주사위를 던지는 행위를 총 12번 했을 때, 각각의 사건이 발생한 횟수를 총 샘플 수로 나눈 것이 된다. 즉, 다음 그림과 같이 주사위 눈이 1이 될 확률과 6이 될 확률은 서로 다르게 보인다. 아직 샘플 수가 많지 않아 정확하게 1/6이 되지 못한다. 즉, 제한된 수의 샘플 내에서는 각각의 사건이 일어날 가능성이 동일하지 않을 수 있다. 이것을 통계적 확률이라고 한다.

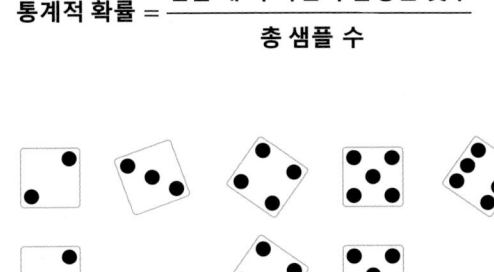

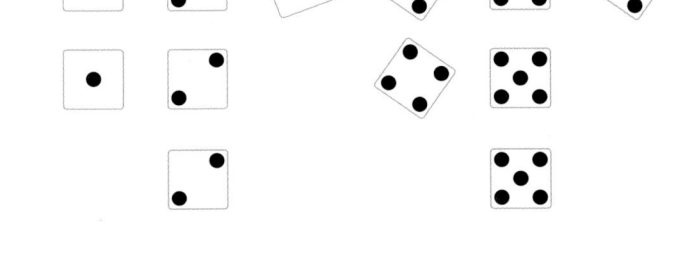

그림 1-39 통계적 확률 예시(주사위 던지기)

반면에 수학적 확률은 어떻게 보면 이상적인 확률이라고 할 수 있다. 샘플 공간 내 발생할 수 있는 사건들이 모두 같은 가능성으로 발생한 상황이다. 이러한 수학적 확률은 우리가 다루는 상황에 대한 이해가 바탕이 되어 이론적으로 계산할 수 있는 값인 경우가 많다. 앞의 예제로 돌아가 주사위 모든 눈이 나올 확률이 동일한 이상적인 주사위를 상상해 보자. 이러한 주사위를 사용하는 경우 1이 나올 확률과 6이 나올 확률은 동일하게 1/6이 된다.

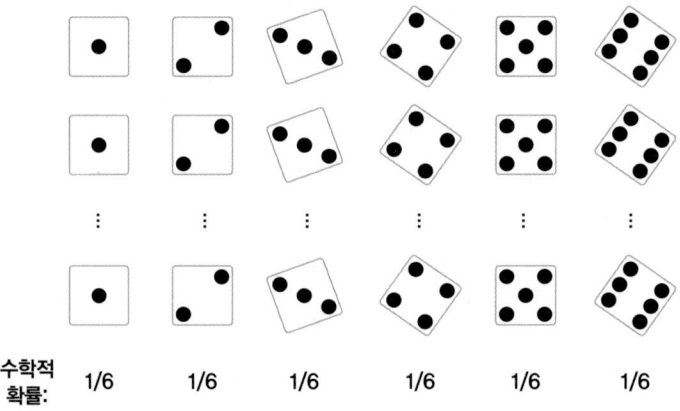

그림 1-40 수학적 확률 예시(주사위 던지기)

하지만 실제로 데이터를 분석해야 하는 상황에서는 이렇게 간단한 문제가 주어지지 않을 수 있다. 즉, 이상적이고 이론적인 수학적 확률을 구하기 어려운 경우가 많다. 그래서 **통계적 확률에서 샘플 수를 충분히 크게 늘리다 보면 수학적 확률에 가깝**다고 알려져 있다. 바로 이것이 **큰 수의 법칙**이다. 즉, 큰 수의 법칙은 시행 횟수가 많아지면 통계적 확률이 수학적 확률과 같아진다는 법칙으로, 사실상 정규분포와는 관계가 없다. 물론 정규분포를 따르는 문제에 큰 수의 법칙도 적용될 수 있기 때문에 아예 관련이 없다고 할 수 없지만, 정규분포여야만 큰 수의 법칙이 적용되는 것은 아니다.

하지만 조금이라도 통계를 공부한 사람이라면 뭔가 샘플 수가 많아진다는 것과 정규분포라는 말이 서로 연관이 있어 보이는 느낌이 없지 않을 것이다. 사실 이것은 큰 수의 법칙이 아니라 중심극한정리와 관련이 있다. 그리고 중심극한정리의 정의도 좀 더 구체적으로 살펴보아야 한다. 무엇이 정확히 정규분포를 따르는지 확인하는 것이 중요하다.

중심극한정리

자, 그럼 중심극한정리의 정의를 살펴보자. 중심극한정리는 '데이터가 있을 때 데이터 분포가 어떤 확률분포를 따르는지 상관없이 샘플 크기가 커질수록 샘플 평균(또는 샘플의 합)의 분포가 정규분포에 가까워진다'는 정리다. 즉, 샘플이 아니라 **샘플 평균의 분포가 정규분포가 되는 것이다.**

예를 들어 샘플 자체는 지수 분포를 따른다고 하자. 그런데 샘플이 많아졌다고 해서 모집단에서 지수 분포를 따르는 샘플이 정규분포를 따르지는 않는다. 하지만 몇몇 분포는 예외적으로 샘플이 많아질수록 데이터 자체도 정규분포를 따르기도 한다. 예를 들어 **이항분포는 샘플이 많아질수록 데이터는 점차 정규분포에 가깝게 된다.** 이것은 중심극한정리가 특별히 적용된 경우다. 이항분포의 데이터를 의미하는 확률변수는 베르누이 분포를 여러 번 했을 때 데이터 합과 동일하다. 따라서 중심극한정리를 베르누이 분포에 적용한 경우다.

이 경우도 있지만, 보통 확률분포는 샘플이 많아진다고 해서 데이터 자체의 분포가 정규분포로 변하지 않는다는 점을 명심하자. 단지 샘플이 많아지면 '데이터의 합 또는 평균'이 정규분포가 된다. 그렇기에 중심극한정리에서는 샘플링을 여러 번 한다는 것에 집중해야 한다. 한 번만 샘플링을 하는 것이 아니라, 여러 번 해서 얻은 샘플 평균들이 있다. 이 샘플 평균들의 분포를 그려 보았을 때 이 분포가 정규분포를 따르는 것이다.

극단적인 예시로 직관을 얻어 보자. 중심극한정리에서는 확률분포가 어떤 분포든 관계없기 때문에 분포가 다음과 같이 완전 랜덤한 형태의 분포를 따르는 모집단에서 샘플을 추출했다고 하자. 현실적으로 몸무게라는 표현형은 보통 평균 주변에 많이 모여 있는 대칭적인 구조인 정규분포를 따른다고 볼 수 있겠지만, 과장해서 다음 그림과 같이 랜덤으로 두 봉우리가 있는 분포를 따른다고 하자. 두 봉우리의 몸무게 값은 다음 그림에서 볼 수 있듯이 50kg과 100kg이다.

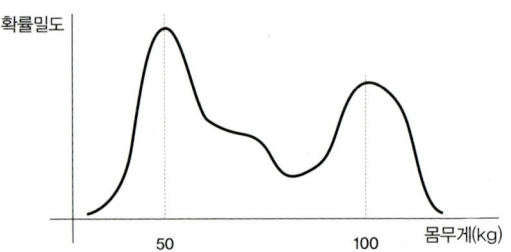

그림 1-41 중심극한정리 예시(봉우리 두 개를 가지는 랜덤한 분포)

여기에서 다음 그림과 같이 샘플을 네 개 추출했다고 하자. 첫 번째 샘플링으로 다음 그림과 같이 샘플을 네 개 추출했고, 이들의 샘플 평균을 계산해서 오른쪽에 따로 그려 보았다.

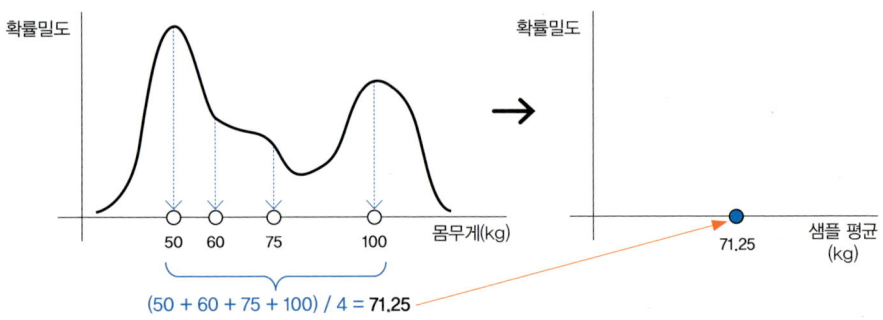

그림 1-42 첫 번째 샘플링 추출 결과 및 샘플 평균 계산 과정

두 번째 샘플링을 하고, 이때의 샘플들로 샘플 평균을 계산해서 추가하면 다음 그림과 같다.

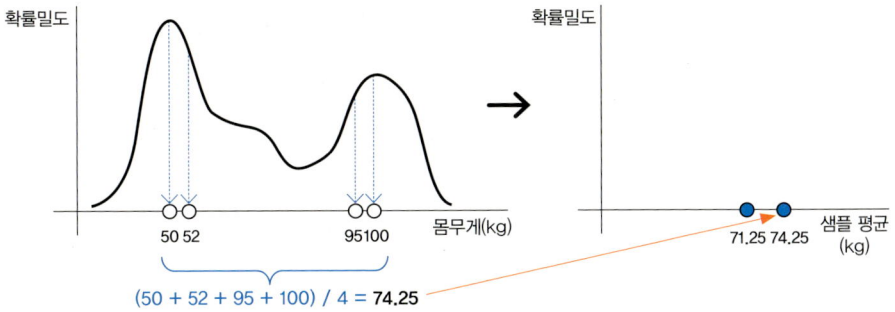

그림 1-43 두 번째 샘플링 추출 결과 및 샘플 평균 계산 과정

이러한 샘플링을 계속 반복하여 수행했을 때, 각각의 샘플링(샘플 총 네 개)에서 얻은 샘플들의 평균을 계산해서 분포를 그려 보면 다음 그림과 같이 정규분포를 따른다. 사실 여기에서는 샘플 수가 고작 네 개이기 때문에 정확한 정규분포가 되지 않을 수 있다. 하지만 샘플 수가 커지면 샘플 평균의 분포는 정규분포를 따르게 된다. 바로 이것이 중심극한정리다.

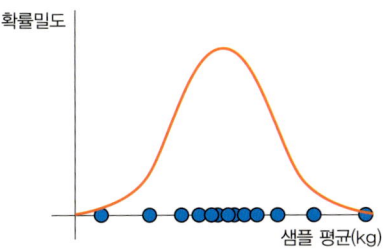

그림 1-44 샘플링 여러 번 이후 샘플 평균들의 분포(정규분포)

궁금증 14

평균을 나타내는 다양한 용어(expectation, mean, average)들은 어떤 차이가 있나?

여기에서는 expectation, mean, average라는 세 용어 사이의 차이점을 알아보고자 한다. 우선 이 세 용어 모두 한글로는 '평균'이라고 표현한다. 엄밀하게 따지면, expectation은 평균 대신 기대치 또는 기댓값이라고 해야 한다. 그러나 교과서를 포함하여 많은 자료에서 평균이라고 한다. mean과 average는 사실상 한글로는 평균이라고 표현할 수밖에 없기 때문에 더 구분하기 어렵다.

기댓값

기댓값(expectation)은 사전에 있듯이 어떤 상황에서 기대되는 값이다. 국어에서 기대한다는 것은 뭔가 설레어서 기대하는 것도 포함되지만, 그러한 감정적인 부분 이외에도 예상한다는 의미도 있다. 여기에서는 예상한다는 의미로 보면 된다. 어떤 상황에서 무엇인가 예상하는 값이 있다는 것이다. 좀 더 정확하게 말하면, 어떤 상황이 계속 반복되었을 때 평균으로 예상되는 값이 기댓값이다.

A학교 수학 성적을 예로 들어 보자. A학교의 역대 수학 성적을 모두 모아 평균을 구했을 때 80점이었다면, 내년에도 A학교 학생의 수학 성적 평균은 80점 또는 최소한 그 근처라고 예상할 수 있다. 그렇기에 이것만 놓고 보면, 마치 기댓값이 평균과 비슷하게 보인다. 하지만 자세히 들여다보자. 기댓값이라는 것은 샘플이 아닌 모집단, 더욱 정확하게는 **모집단이 따르는 확률분포의 평균**이라고 볼 수 있다. 즉, 유한 개의 샘플만으로 평균을 구하는 것이 아니라 이상적으로 무한 개의 샘플을 모집단에서 가져올 수 있다고 할 때, 그것들을 모두 모아서 평균을 내면 기댓값이 된다.

예를 들어 주사위를 한 번 던져서 나오는 눈이 무엇인지 궁금하다고 하자. 이때 주사위를 한 번 던졌을 때 평균으로 예상되는 값을 구하고 싶다면, 기댓값을 구하면 된다. 주사위를 한 번 던지는 것이 내가 관심 있는 상황이다. 이러한 상황을 반복하는 것이 반복시행을 하는 것이다. 반복시행으로 얻은 샘플들이 있다. 이러한 샘플들이 무한대만큼 많아지면 정확히 동일한 숫자만큼 주사위의 각 눈이 나올 것이다. 무한대는 아니지만 대략 600번을 던졌을 때, 각각의 눈이 나온 횟수가 마치 무한대와 비슷하게 다음 그림과 같은 횟수로 주사위가 나왔다고 해 보자.

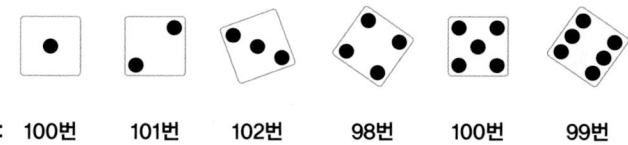

총 횟수:　100번　　101번　　102번　　98번　　100번　　99번

그림 1-45 600번 주사위를 던져서 나온 주사위 눈의 횟수

이때 평균을 구하면 다음과 같이 3.49가 나온다.

샘플 600개로 구한 평균
$$= \frac{1 \times 100 + 2 \times 101 + 3 \times 102 + 4 \times 98 + 5 \times 100 + 6 \times 99}{(100 + 101 + 102 + 98 + 100 + 99)} = 3.49$$

여기에서 각각의 눈이 나올 횟수가 n으로 일정했다면, 다음과 같이 정확히 3.5가 나오는 것을 알 수 있다.

샘플 $6n$개로 구한 평균 $= \dfrac{1 \times n + 2 \times n + 3 \times n + 4 \times n + 5 \times n + 6 \times n}{6n} = 3.5$

여기에서 샘플 크기가 무한대가 되면 각각의 눈이 나올 횟수가 동일하게 되므로 앞의 수식처럼 n이 되는 것과 같다. 이후 n을 무한대로 발산시키면 된다. 그런데 이미 여기에서 n은 분자와 분모에 둘 다 있어 소거되기 때문에 굳이 고려하지 않아도 된다. 결과적으로 앞의 수식을 바꾸면 다음과 같다.

기댓값 $= 1 \times \dfrac{1}{6} + 2 \times \dfrac{1}{6} + 3 \times \dfrac{1}{6} + 4 \times \dfrac{1}{6} + 5 \times \dfrac{1}{6} + 6 \times \dfrac{1}{6} = \sum_{x=1}^{6} xP(x) = E(x)$

오른쪽에 보이는 수식이 우리가 배우는 이산변수에 대한 기댓값 수식이다. 자, 그렇다면 이산변수(주사위는 1, 2, 3, 4, 5, 6이라고 딱 짤라 표현할 수 있으니 이산변수다)인 주사위 한 개를 던져서 나올 기댓값은 3.5라는 것을 알았다. 이것은 앞서 계산하는 방식만 봐도 알 수 있듯이 샘플이 뭐가 나왔는지는 살펴보지도 않았다. 3.5라는 것은 내가 주사위를 던져서 나올 평균으로 예상되는 가장 가까운 값이 3.5라는 의미다. 즉, 여러 번 던질수록 그 평균은 점점 3.5에 가까워질 것이다.

평균(mean)

mean일 때 평균을 살펴보자. 여기에서는 샘플을 신경 써야 한다. **내가 가진 샘플들을 기반으로 그들의 평균을 구하는 것이다.** 14번 주사위를 던졌다고 하자. 이때 각 눈이 나온 횟수는 다음 그림과 같다.

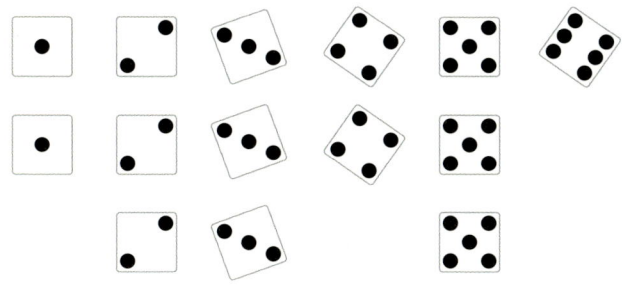

| 총 횟수: | 두 번 | 세 번 | 세 번 | 두 번 | 세 번 | 한 번 |

그림 1-46 14번 주사위를 던져서 나온 주사위 눈의 횟수

이때 평균은 다음과 같이 대략 3.29 정도로 계산된다. 쉽게 말해 샘플들의 평균, 즉 샘플 평균이라고 보면 된다.

$$\text{샘플 14개로 구한 평균} = \frac{1 \times 2 + 2 \times 3 + 3 \times 3 + 4 \times 2 + 5 \times 3 + 6 \times 1}{14} = 3.2857\cdots$$

그럼 샘플 평균이라고 하면 될 텐데, 이것을 mean이라고도 하고 샘플 평균(sample mean)이라고도 하기 때문에 헷갈리는 것이다. 간혹 기댓값도 mean이라고 표기하는 글들도 있다. 따라서 여기에서 설명하는 차이점을 이해한 뒤 맥락에 맞게 이해하길 추천한다.

평균(average)

자, 그러면 average는 무엇인가? 이것 또한 평균인데, mean에는 사실 산술평균(arithmetic mean)이나 기하평균(geometric mean) 같은 다양한 종류의 mean이 있을 수 있다. 그중에서 산술평균이 average를 의미한다. 간단히 말해 샘플에서 나온 값을 모두 더해서 전체 샘플 수로 나눈 값이다. 앞서 설명한 mean도 모두 산술평균을 이야기한 것이니 사실상 average랑 같다고 봐도 무방하다. 다만 맥락적으로 average는 일상 대화에서 많이 쓰고, mean은 수학이나 통계학 같은 분야에서 많이 쓰는 용어라고 보면 된다.

> 궁금증
> 15

입력 변수의 분산이 너무 작으면 설명력이 없다는 의미는?

입력 변수의 흩어진 정도(분산)가 너무 작아서 설명력이 없다는 것이 무슨 뜻인지 잠깐 알아보자. 극단적으로 입력 변수에 해당하는 데이터 값이 모두 동일한 값을 가져서 분산이 아예 없는 상황, 즉 다음 그림과 같이 A학급 네 명의 수학 성적이 전부 80점이고 과학 성적은 각각 퍼져 있다고 가정해 보자. 수학 성적이 80점이라는 결과로는 아무런 정보를 얻을 수 없다. 수학 성적을 입력 변수로 하고 과학 성적을 출력 변수로 했을 때, 과학 성적이 퍼져 있어도 수학 성적은 전부 동일하기 때문에 수학 성적(입력 변수)에 따라 과학 성적이 다른 것을 전혀 구별(설명)할 수 없다.

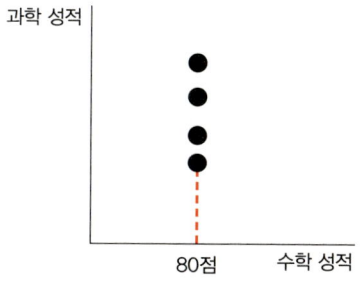

그림 1-47 설명력이 전혀 없는 입력 변수(수학 성적) 예시

다음 그림과 같이 영어 성적이 60점부터 90점까지 다양하다면 이번에는 과학 성적을 어느 정도 설명할 수 있다. 영어 성적이 높을수록 과학 성적도 증가한다고 보여 줄 수 있는 것이다.

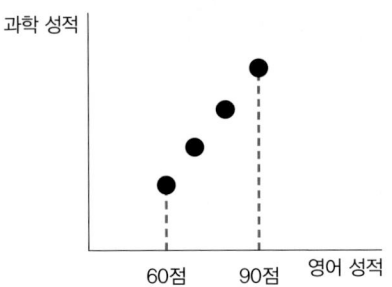

그림 1-48 설명력이 어느 정도 있는 입력 변수(영어 성적) 예시

이것은 하나의 예시일 뿐이다. 반대로 과학 성적이 영어 성적에 따라 감소할 수도 있다. 감소하는 상황에서도 결국에는 영어 성적이 과학 성적을 설명할 수 있다. 그런데 극단적인 경우로 다음 그림과 같이 출력 변수인 과학 성적이 아무런 변화가 없을 때(분산 = 0)도 있을 것이다.

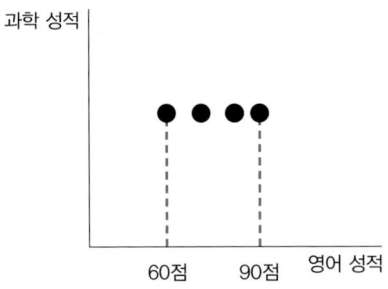

그림 1-49 출력 변수가 일정한 극단적인 예시

이때는 아무리 입력 변수의 분산이 크다고 하더라도 아무런 설명력을 가지지 못할 것이다. 하지만 이것은 다른 어떤 입력 변수들도 마찬가지다. 출력 변수가 이렇듯 완전히 동일한 값을 가지면 사실 선형 모델 같은 것을 학습할 필요 없이 항상 같은 값(상수 값)을 주는 모델을 학습하게 될 것이다. 즉, 사실상 쓸모없는 모델이기에 **입력 변수와 출력 변수는 둘 다 어느 정도는 퍼져 있어야 선형 모델이든 머신러닝이든 가능하고, 분석자에게 의미 있는 결과를 줄 수 있다.**

자, 그러면 이제는 왜 입력 변수가 많이 퍼져 있어야 하는지 알게 되었다. 입력 변수가 많이 퍼질수록(물론 분산이 크다는 것이 오류를 많이 포함할 확률이 높다는 의미도 되겠지만) 설명력 자체가 증가하는 것은 맞는 이야기가 된다. 따라서 **입력 변수의 분산이 가장 큰 입력 변수가 설명력이 가장 높고, 그 입력 변수가 가장 중요한 역할을 할 가능성이 높은 것이다.** '궁금증 12'에서 설명한 주성분 분석에서 하려는 바가 이러한 입력 변수를 추려 내는 것이다.

> 궁금증
> **16**

표준화 VS 정규화

통계 분석을 하든 머신러닝을 수행하든 거의 대부분은 데이터를 사전에 처리해야 하는 경우가 발생한다. 데이터를 이루는 변수들의 단위가 달라서 동일 선상에서 비교할 수가 없거나, 특정한 구간(-1~1 또는 0~1 등)으로 변수 값을 변환시켜야 하는 상황이 생긴다. 이러한 과정은 **특징 스케일링**(feature scaling)이다. 여기에는 어떤 값을 늘리거나 줄이는 과정(스케일링)을 하는 모든 방법을 포함한다. 그리고 정규화(normalization)와 표준화(standardization)라는 개념을 사용한다. 두 개념을 한번 자세히 비교해 보자.

정규화

regularization의 정규화와 혼동

정규화라는 표현은 굉장히 혼동을 많이 주는 용어다. 일단 정규화는 완전히 다른 주제로, 데이터의 차원 축소에서 다룬 regularization(정규화)에서도 동일한 한글 이름으로 썼다. 물론 regularization은 본래 목적함수(주로 통계 분석에서는 우도고 머신러닝에서는 비용함수다)에 패널티(또는 제한 조건)를 가하는 개념이다. '규제화'라고 번역하기도 하지만 정규화를 더 많이 쓴다. 여기에서 다룰 정규화와는 완전히 다른 개념이기 때문에 구분해서 이해해야 한다.

벡터 정규화와 혼동

정규화는 공학에서도 많이 쓰는 개념으로 벡터를 사용하는 경우 벡터 정규화를 수행할 때가 있다. 이때는 벡터 크기를 1로 변환시키는 과정을 의미한다. 즉, 다음과 같이 세 가지 벡터가 있는데, 이 벡터들을 크기가 1인 원으로 축소시키는 과정을 의미한다. 이렇게 했을 때 벡터는 서로 크기가 같아지고 방향만 달라진다. 이렇게 방향 차이만 비교하고자 한다면 벡터 정규화 과정을 거치면 된다.

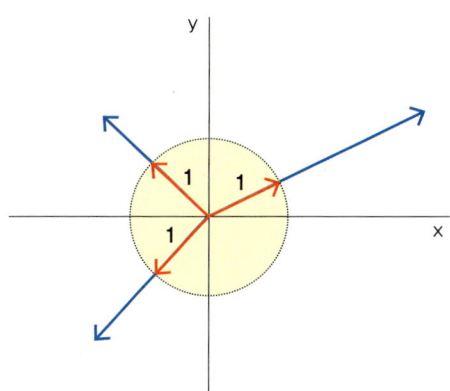

그림 1-50 벡터의 정규화에 대한 시각적 의미

벡터 정규화는 데이터 관점에서도 뭔가 특정한 범위로 축소 또는 확대시킨다는 측면에서 맥락을 함께하지만, 벡터 정규화와 정확히 같은 과정을 거치는 것은 아니다.

통계 분석에서 정규화

통계 분석에서 데이터가 정규화(normalization)된다는 것은 벡터 정규화처럼 크기를 1로 만드는 것이 아니라, **특정한 구간 또는 공통의 스케일로 데이터를 압축 또는 확장하는 느낌으로 데이터를 변환시키는 것이다.** 즉, 내가 보유한 샘플 데이터를 다른 단위로 측정했거나 범위가 달라 서로 비교 불가능할 때, 이를 공통의 스케일로 옮겨서 서로 비교할 수 있게 하는 것이 주목적이다.

표준화의 포함 관계 혼동

앞서 '특정한 구간'이라고 했는데, 보통은 −1부터 1 사이 또는 0부터 1 사이 범위로 변환시킨다. 하지만 전반적으로 공통의 스케일로 변환시킨다는 개념을 바탕으로 하므로 간혹 표준화를 정규화의 한 형태로 설명하기도 한다. 앞에서는 특징 스케일링이 가장 큰 범주고, 정규화와 표준화가 세부 범주로 되어 있다고 설명했는데, 정규화의 애매한 정의 때문에 가끔씩 표준화를 정규화의 한 종류로 설명하기도 하는 것이다. 이러한 애매함 때문에 굉장히 많은 영역에서 정규화라는 말이 등장하는데, 뭔가 조금씩 다르거나 다른 개념처럼 보일 때도 많은 것이다.

실험 데이터 정규화(예 생물정보학)와 혼동

생물정보학에서도 정규화라는 표현을 쓴다. 특히 실험 데이터를 분석하기 전에 항상 정규화라는 과정을 거친다. 그런데 이때 정규화를 통해서 반드시 데이터를 [−1, 1] 또는 [0, 1] 범위로 변환시키지 않는다는 것에서 의문이 제기된다. 여기에서 정규화는 또 약간 다른 개념이다. 사실 이것은 생물정보학뿐만 아니라 다양한 분야에서 실험을 거쳐 얻은 데이터에 모두 적용되는 개념이다.

아무튼 여기에서 정규화라는 것은 실험을 수행할 때, 실험을 수행하는 사람은 **조작 변수**(independent variable)(통계 분석에서는 입력 변수에 해당)가 **종속 변수**(dependent variable)(통계 분석에서는 출력 변수에 해당)에 어떤 효과를 주는지 궁금할 것이다. 이때 다음 그림과 같이 조작 변수가 얼마나 종속 변수에 영향을 주는지에 대한 인과관계를 방해하는 변수(교란자)를 통제해야 하는데, 이 변수를 실험에서는 **통제 변수**(controlled variable)라고 한다. **통제 변수를 통제한다는 것은 통계 분석(특히 인과추론)에서는 교란자를 통제하는 것과 동일하다**고 생각하면 된다.

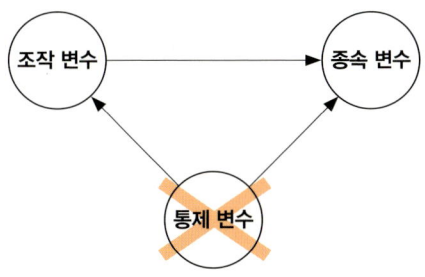

그림 1-51 실험할 때 변수 사이의 관계 및 인과추론을 위한 조치

즉, 실험 데이터에서 교란자에 해당하는 것을 통제 변수 또는 **배치 효과**(batch effect)라고 할 수 있다. 배치 효과라는 것은 생물학적 요인이 아닌 실험 중에 발생할 수 있는 다른 조건 때문에 생기는 데이터 변화다. 배치 효과를 일으키는 요인으로는 실험실 조건, 실험 시약, 배치 종류, 작업자 차이, 실험이 수행된 날의 조건들(온도나 습도 같은), 실험을 수행하는 도구 상태 등이 있을 수 있다. 이러한 배치 효과를 제거하지 않으면 조작 변수가 다르게 실험된 여러 데이터를 정확하게 비교할 수 없다. 따라서 **이러한 배치 효과를 제거하는 과정을 또한 정규화라고 한다.**

'궁금증 06'에서 관측 데이터를 사용하여 인과추론을 하려고 할 때, 공변량을 추가해서 교란자를 제거할 수 있다고 했다. 배치 효과를 고려하여 교란자를 제거할 때도 마찬가지다. 그렇기에 배치 효과를 고려한 실험 데이터 분석 프로그램에서 제어하고자 하는 배치 효과를 공변량으로 넣어 분석하는 것은 이 때문이다. 여기에서 정규화도 결국 배치 효과로 비교 가능하지 않은 데이터를 비교 가능하게 한다는 맥락에서 보면, 통계 분석의 정규화와 그 결을 같이 한다.

이렇듯 다양한 관점에서 정규화 용어를 사용하므로 개념을 명확하게 이해하기 어려울 수도 있다. 그러나 앞서 언급한 정도의 구분은 한다는 것을 인식한 상태에서 용어를 바라보면 보다 자신 있게 본인이 하고 있는 데이터 분석을 진행할 수 있을 것이다.

최소-최대 스케일링

아무튼 통계 분석에서 가장 기본적인 정규화라는 것은 특정한 구간으로 데이터를 압축 또는 확장하는 과정이다. [-1, 1] 또는 [0, 1]로 데이터 스케일을 변환하는 것을 의미한다. 대표적인 방법으로는 최소-최대 스케일링(min-max scaling)이 있다. 최소-최대 스케일링은 [0, 1]로 데이터를 변환하는 방법으로, 이름에서 알 수 있듯이 데이터의 최솟값과 최댓값을 사용하여 다음 수식으로 정규화를 한다.

$$\text{변환된 데이터}(x') = \frac{\text{데이터}(x) - \text{최솟값}(x_{min})}{\text{최댓값}(x_{max}) - \text{최솟값}(x_{min})}$$

이때 다음과 같이 1보다 수치가 큰 샘플 데이터는 데이터를 변환하여 0에서 1 사이로 압축시킬 수 있다.

샘플 데이터(x) = (150, 160, 175, 176, 190, 200)

최소-최대 스케일링으로 변환된 데이터(x') = (0, 0.2, 0.5, 0.52, 0.8, 1)

그림 1-52에서 눈으로 변환된 데이터 분포를 확인할 수 있다. 여기에서 분산에 해당하는 화살표는 화살표 길이가 분산을 의미하는 것은 아니다. 다만 얼마나 분포가 퍼져 있는지 표시하려고 화살표로 표현했을 뿐이다. y축에는 확률밀도라고 표현했는데, 실제로 샘플 데이터만으로 그린다면 빈도수로 보면 된다. 확률밀도가 높다는 것은 해당 데이터를 가진 사람이 많다는 의미다.

또 여기에서 수학 성적이 200점이 넘는다는 것은 100점 만점이 아닌 상황이라 가정하고 변환된 데이터에 시각적인 느낌을 강조하기 위해서 샘플 데이터처럼 x축(수학 성적)에 그렸는데, 사실은 정규화 과정을 거치면 단위가 없어진다. 이러한 부분을 감안하고 그림에서 직관만 얻어 가자.

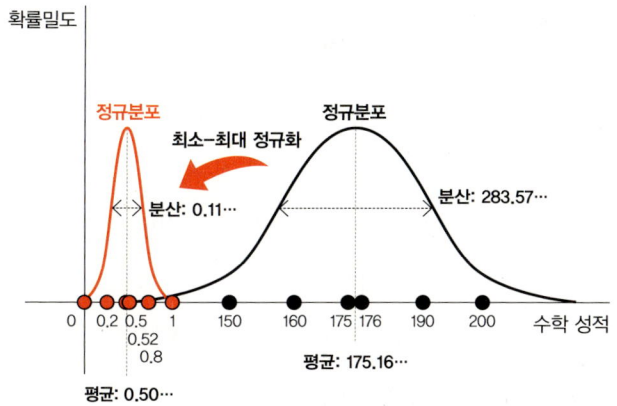

그림 1-52 (데이터 스케일이 클 때) 정규분포를 따르던 데이터의 최소-최대 정규화 전과 후

다음으로는 1보다 수치가 작은 샘플 데이터에 최소-최대 스케일링으로 정규화를 수행해 보자.

샘플 데이터(x) = (0.001, 0.002, 0.005, 0.0052, 0.008, 0.01)
최소-최대 스케일링으로 변환된 데이터(x') = (0, 0.1111, 0.4444, 0.4667, 0.7778, 1)

1보다 작은 값을 사용해도 정규화 과정을 거치면 결국 0에서 1 사이 값으로 정규화된다. 즉, 이번에는 데이터를 다음 그림과 같이 압축시킨 것이 아닌 확장시킨 것이다.

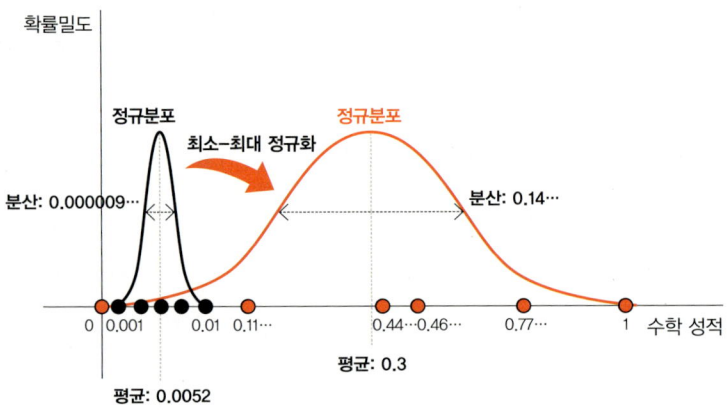

그림 1-53 (데이터 스케일이 작을 때) 정규분포를 따르던 데이터의 최소-최대 정규화 전과 후

그런데 **정규화나 표준화를 하면 변환된 데이터는 정규분포를 따르게 된다고 믿는 사람이 의외로 많은데, 이것은 사실이 아니다.** 앞의 예시에서 정규분포를 따르는 샘플 데이터를 기반으로 하기 때문에 마치 그런 것처럼 보이지만, 정규분포를 따르지 않는 샘플 데이터를 기반으로 생각하면 그렇지 않다. 그리고 정규화나 표준화라는 개념 모두 사실 정규분포를 반드시 언급할 필요도 없다. 당연히 정규화나 표준화를 거쳐 데이터가 정규분포를 따르게 만들어 주는 것도 아니다.

정규화에서는 특정한 범위([-1, 1] 또는 [0, 1] 등)로 데이터 스케일을 변환시킨다고 하더라도 본래 데이터의 분포 특징은 전혀 변화하지 않는다. 정규화라는 이름 자체가 주는 혼동은 여기에서도 존재하는 것이다. '국어로 정규화라고 되어 있으니 정규분포로 만들어 주는 것이 아닐까?' 하고 착각할 수 있는 것이다.

정규화에서 비정규분포(정규분포가 아닌 확률분포)를 따르는 데이터를 최소-최대 스케일링으로 변환시켰을 때, 어떻게 분포가 변화하는지 살펴보자. 다음과 같이 비정규분포를 따르는 샘플 데이터에 최소-최대 스케일링으로 변환했다.

샘플 데이터(x) = (100, 102, 103, 105, 120, 140)
최소-최대 스케일링으로 변환된 데이터(x') = (0, 0.05, 0.075, 0.125, 0.5, 1)

이때 변환된 데이터의 분포 결과를 보면, 다음 그림과 같이 여전히 기존 비정규분포 형태를 유지하는 것을 알 수 있다. 그리고 평균은 0이 아니고, 분산도 1이 아니다. 즉, 표준화와 다른 것이다.

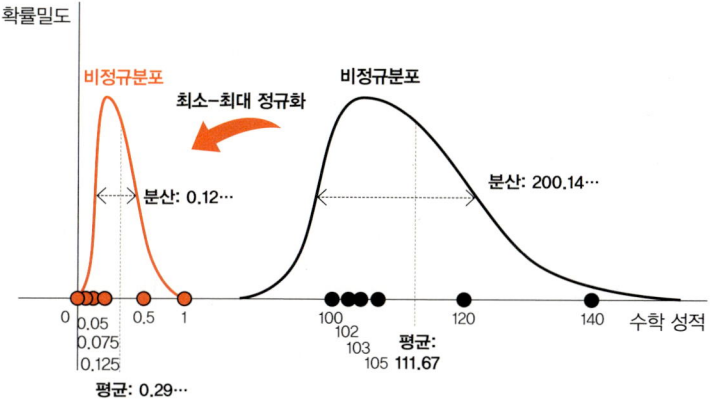

그림 1-54 비정규분포를 따르던 데이터의 최소-최대 정규화 전과 후

결론적으로 정규화는 비정규분포를 따르던 샘플 데이터를 정규분포로 변환시키는 것이 아니다. 단지 서로 다른 범위 값들을 모두 특정한 0과 1 사이 범위로 옮겨 줌으로써 데이터끼리 상대적으로 비교할 수 있게 한다.

표준화

다음 그래프처럼 '정규분포를 이미 따르고 있는 데이터'에 대해서 표준화를 거치면 **평균은 0이고 분산은 1인 정규분포(표준 정규분포)를 따르는 데이터로 변환시킬 수 있다.** 여기에서 표준 정규분포가 되는 조건은 이미 데이터가 정규분포를 따르고 있어야 한다는 것이다. 또 정규화와 마찬가지로 그 스케일을 변화시킨 것에 불과하다는 사실을 알아 두자.

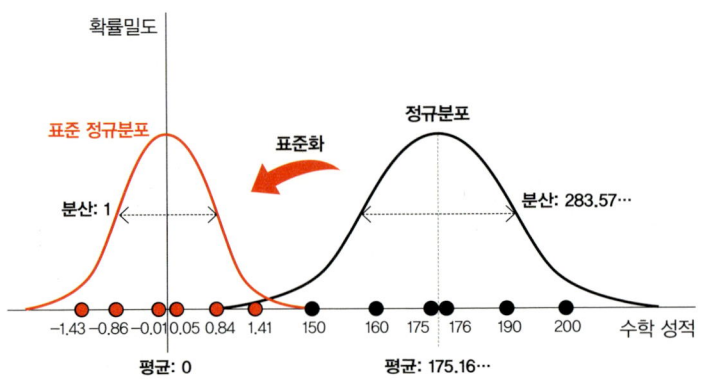

그림 1-55 정규분포를 따르던 데이터의 표준화 전과 후

표준화에서는 비정규분포를 따르던 샘플 데이터가 정규분포를 따르게 할 수 있을까? 이 부분도 간단한 샘플을 생성해서 살펴보자. 비정규분포를 따르는 샘플 데이터에 대해서 표준화한 이후의 분포를 보면, 다음 그림과 같이 기존 비정규분포 형태를 그대로 따른다는 것을 알 수 있다.

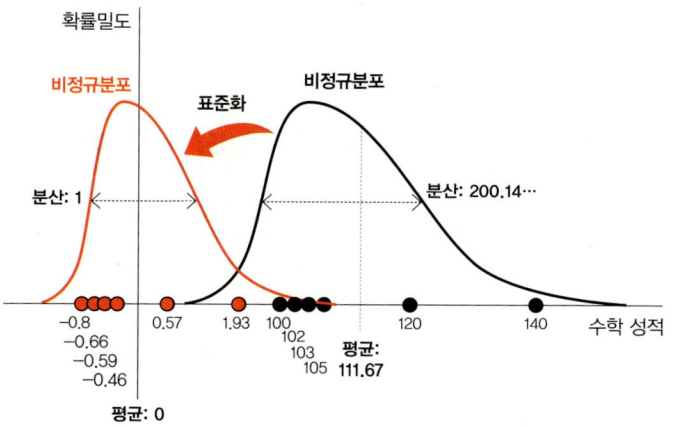

그림 1-56 비정규분포를 따르던 데이터의 표준화 전과 후

즉, 일반적으로 말했을 때 표준화는 데이터 평균을 0, 분산을 1로만 변환시켜 줄 뿐 분포를 바꾸는 것과는 아무런 관련이 없다.

궁금증 17

정규분포를 따르지 않는 데이터를 정규분포로 변환하려면?

그렇다면 비정규분포를 따르던 샘플 데이터를 정규분포로 변환시키는 것은 어떻게 하는지 알아보아야 한다. 데이터에서 통계 분석을 실시할 때 데이터 정규성을 가정할 때가 많기 때문이다. 정답은 **정규성 변환**(normality transformation)이다.

정규성 변환

사실 항상 데이터가 정규분포를 따를 필요는 없다. 정규분포가 아닌 것이 정답일 수 있으니 해당 데이터 특징을 온전히 보존하려면, 데이터를 그 자체로 두고 해당 분포가 어떤 확률분포에서 기인했는지 알아내면 된다. 이 과정들은 추론 통계에서 추정(빈도주의 또는 베이지안)을 해서 한다고 볼 수 있다. 회귀 분석에서도 포아송 회귀처럼 정규분포가 아닌 특정한 확률모델을 학습하는 회귀 분석을 진행하면 된다.

하지만 여러 통계 방법론에서는 데이터 정규성을 가정한 상태에서 분석을 진행할 때가 많다. 예를 들어 선형 모델을 학습하는 선형회귀 분석이 이에 해당한다. 이때 이점은 수학적으로 정규성을 가정한 상태에서 통계적인 특징을 계산할 때 보다 수월하기도 하며, 어떻게 보면 많은 종류의 데이터가 정규분포를 따르기에 일반적으로 정규분포를 기준으로 툴을 개발하는 경우가 많다. 따라서 특정 방법론의 인풋으로 사용하려면 정규성이 확보된 상태에서 인풋으로 넣어야 의미 있는 결과를 준다.

통계 분석을 진행할 때는 이러한 요소들을 모두 고려하여 필요한 경우에 한해 데이터가 정규분포를 따르도록 변환하는 과정을 거치길 추천한다. 다만 본래 데이터가 다른 분포를 따를 때는 당연히 정규분포로 변환하는 과정 중에 데이터가 손상된다. 어느 정도의 손상에도 정규성을 확보했을 때, 이론적인 이점과 실용적인 이점이 더 크다면 정규성 변환을 실시하는 것이다.

앞에서는 직관적인 부분을 보여 주려고 최대한 단순하게 샘플을 구성하여 소량의 샘플 여섯 개만 사용했다. 여기에서는 소량의 샘플만으로는 눈에 띄게 그 패턴이 드러나지 않아 프로그램을 사용하여 1만 개 정도 샘플링을 거쳐서 합성 데이터를 생성하여 필요한 그림을 얻었다. 먼저 '정규분포를 따르지 않는다는 것이 어떻게 생긴 분포란 말인가?'를 생각할 필요가 있다.

정규분포라는 것은 종 모양의 대칭적인 형태를 취한다. 이러한 형태를 벗어나면 비정규분포라고 볼 수 있는데, 기술 통계에서 설명한 왜도에 따라 분포의 왜곡이 발생했을 때를 의미한다. 물론 이봉분포(bimodal distribution) 또는 다봉분포(multimodal distribution)처럼 봉우리가 두 개 이상인 복잡한 형태도 있다. 여기에서는 봉우리가 하나인 상태(단봉분포)(unimodal distribution)에서 왜곡으로 정규성이 위배된 경우만 설명한다. 이 경우가 실제 데이터 분석에서 훨씬 많이 발생하고, 단봉분포의 왜곡된 분포를 이용한 설명만으로도 직관을 얻기에 충분하기 때문이다.

궁금증 18

오른쪽으로 왜곡된 분포에 대한 정규성 변환

왜도는 직관과는 반대로 오른쪽으로 왜곡됐다고 했을 때, 다음 그림과 같이 봉우리는 왼쪽 방향으로 향한다고 했다. 또는 오른쪽 꼬리가 길다고 표현하기도 한다. 이때 왜도는 양수가 된다.

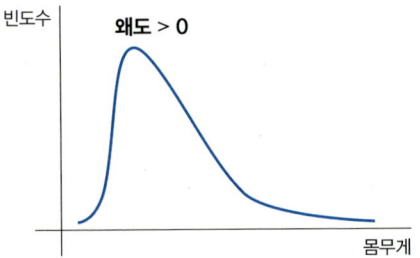

그림 1-57 왜도가 양수인 분포

즉, 왼쪽으로 갈수록 빈도수가 높은 데이터가 많이 위치하는 경우다. 이때 정규분포로 변환시키는 데 필요한 데이터 변환 방법은 **로그 변환**(log transformation), **제곱근 변환**(square root transformation), **역수 변환**(inverse or reciprocal transformation) 등 다양하다. 그런데 기본적인 직관이 다른 방법들에서도 동일하게 적용되므로 각각의 변환 방법을 모두 설명하지 않고, 로그 변환을 좀 더 자세히 살펴봄으로써 필요한 직관을 설명하겠다.

로그 변환은 단순하게 샘플 데이터에 로그 함수를 취해 주는 것으로, 로그 함수 특징을 이해하면 어떻게 오른쪽으로 왜곡된 데이터가 정규분포처럼 대칭되도록 변화할 수 있는지 이해할 수 있다. 로그 함수는 다음 그림과 같이 함수의 특성상 **1보다 큰 값들은 변환 후 상대적인 차이가 줄어들고, 1보다 작은 값들은 변환 후 차이가 늘어나는 효과가 있다.**

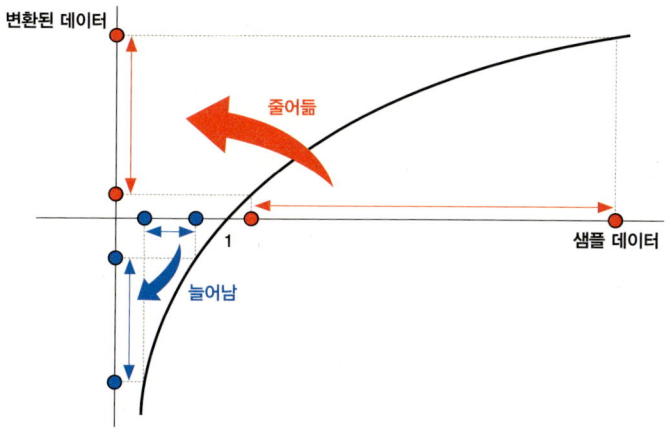

그림 1-58 로그함수의 특징

예를 들어 상용로그는 10과 1000의 차이는 990이었는데, 로그함수에 넣으면 10은 $\log(10)=1$이 되고 1000은 $\log(1000)=3$이 되어 그 차이는 2로 줄어든다. 반면에 0.01과 0.001의 차이는 0.009였는데, 로그함수에 넣으면 0.01은 $\log(0.01)=-2$가 되고 0.001은 $\log(0.001)=-3$이 되어 그 차이는 1로 늘어난다. 샘플 데이터에 로그 변환을 취했을 때 데이터 분포가 어떻게 변화하는지 시각화하면 그림 1-59와 같다.

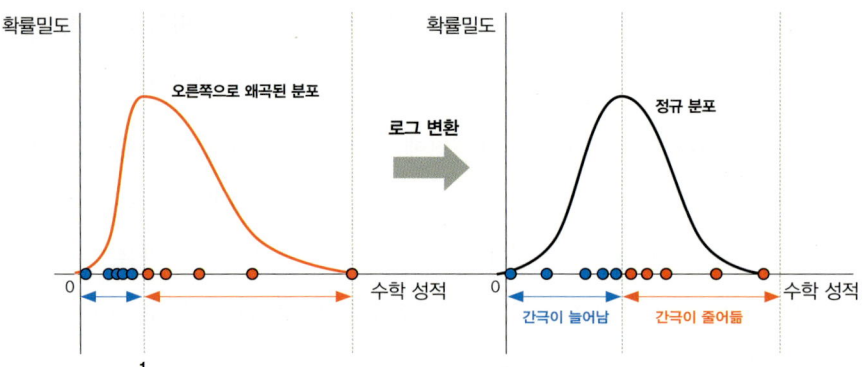

그림 1-59 오른쪽으로 왜곡된 분포를 따르는 데이터의 로그 변환 결과

이제 이론적으로는 이해할 수 있는데, 실제 데이터에서도 이러한 경향을 보이는지 합성 데이터를 만들어서 로그 변환을 시켜 보자. 오른쪽으로 왜곡된 데이터를 만들려고 지수 분포를 사용했다. 그러고는 로그 변환을 시켜 보니 그림 1-60과 같이 오른쪽으로 왜곡된 데이터가 정규분포에 가깝게 변환된 것을 확인할 수 있다. 그런데 그림에서 볼 수 있듯이, 로그 변환을 했다고 해서 오른쪽으로 왜곡된 모든 형태의 데이터가 정확하게 정규분포를 따르는 것은 아니다. 어느 정도 그와 비슷한 형태로 변환시켜서 정규분포에서 오는 특성을 대략적으로 가질 수 있게 도와준다. 그런데 로그 변환을 했을 때 정확히 정규분포를 따르는 경우, 이것을 **로그-정규분포**(log-normal distribution)라고 한다.

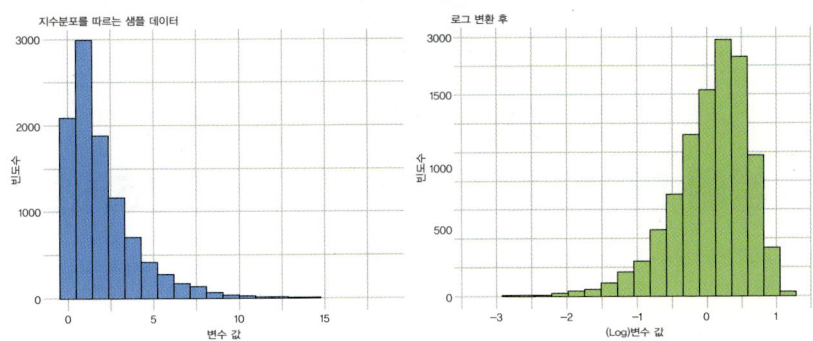

그림 1-60 지수 분포를 따르는 합성 데이터의 로그 변환 전과 후

궁금증 19
이미 정규분포를 따르던 샘플 데이터를 무작정 로그 변환하면 어떻게 될까?

여기에서 추가적으로 궁금한 점이 있다. 로그 변환이 유용할 때가 많아 많은 데이터 전처리 과정 중 습관적으로 적용하는 경우가 있는데, 혹시라도 이미 정규분포를 따르고 있던 샘플 데이터에 로그 변환을 하면 어떻게 되는지 궁금할 수 있다. 결과적으로 말하면, **정규분포를 따르던 샘플 데이터를 로그 변환하면 대칭성이 파괴되면서 오히려 데이터 분포가 왼쪽으로 왜곡되는 효과를 낳는다.**

이를 확인하기 위해서 정규분포를 따르는 합성 데이터를 1만 개 생성한 뒤 로그 변환을 하고, 여기에서 추가로 한 번 더 로그 변환을 했다. 즉, 로그 변환을 여러 번 할 때마다 어떤 변화가 생기는지 확인했다. 그림 1-61을 보면, 정규분포를 따르던 샘플 데이터는 점차 왼쪽으로 왜곡된 분포로 바뀌어 간다는 것을 확인할 수 있다.

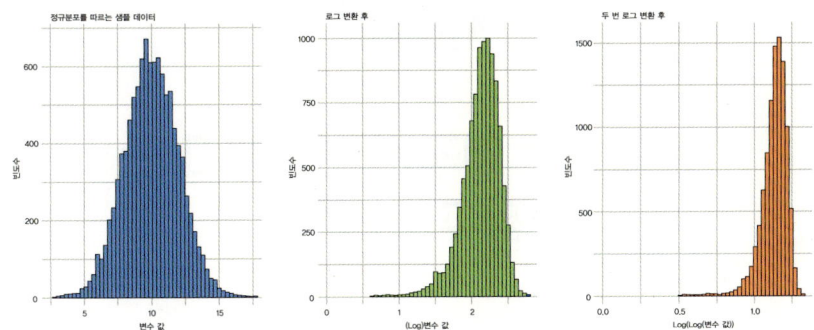

그림 1-61 정규분포를 따르는 합성 데이터에 로그 변환을 한 뒤 다시 로그 변환을 한 결과

따라서 로그 변환을 하기 전에 본래 샘플 데이터 분포를 히스토그램을 그려서 시각적으로 확인하거나, Q-Q 플롯(Quantile-Quantile plot)이나 관련 통계 검정을 수행하여 데이터의 정규성 또는 대칭성 등을 수치적으로 확인할 필요가 있다.

왼쪽으로 왜곡된 분포에 대한 정규성 변환

앞서 오른쪽으로 왜곡된 분포에 대한 정규성 변환 방법을 다루었는데, 지금부터는 반대로 왼쪽으로 왜곡된 분포에 대한 정규성 변환 방법을 알아보겠다. 여기에는 거듭제곱 변환(power transformation)과 지수 변환(exponential transformation) 등이 있다. 거듭제곱 변환의 한 예로 $f(x) = x^2$을 분석해 보자. 다음 그림과 같이 이번에는 로그함수와는 반대로 **1보다 작은 값들**에 대해서는 차이가 점차 줄어드는 효과가 있고, **1보다 큰 값**에 대해서는 그 차이가 커지는 효과가 있다.

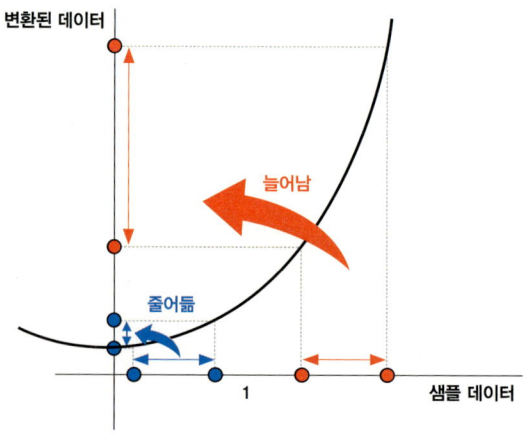

그림 1-62 거듭제곱함수의 특징

예를 들어 1/5과 1/3의 차이는 2/15=0.13…이었지만, 제곱을 하면 1/25과 1/9이 되고 이 둘 차이는 16/225=0.07…로 줄어든다. 반면에 2와 10의 차이는 8이었지만 제곱을 하면 4와 100이 되고, 이 둘 차이는 96으로 늘어난다. 이러한 효과를 다음 그림에서 왼쪽으로 왜곡된 분포가 정규분포가 되는 것을 확인할 수 있다.

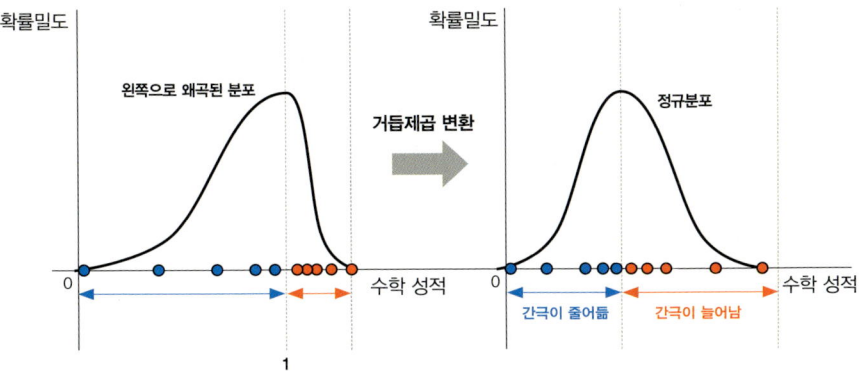

그림 1-63 왼쪽으로 왜곡된 분포를 따르는 데이터의 거듭제곱 변환 결과

궁금증 21

분산을 안정화시킨다는 의미는?

앞서 많은 변환을 다루어 보았는데, 그중에서 로그 변환을 좀 더 알아보자. 로그 변환을 공부하다 보면 로그 변환은 분산 안정화 변환(variance stabilizing transformation)에서도 등장하는 것을 알 수 있다. 이렇듯 로그 변환을 다양한 목적으로 쓰기 때문에 본래 로그 변환을 하는 목적을 분명히 알 필요가 있다. 이를 구분하기 위해서 분산 안정화는 무엇을 하는 것이고, 왜 필요한지 알아보겠다. '분산을 안정화시킨다'는 의미는 통계적으로 엄격하게 이야기하자면 선형 모델에서 가정했듯이, **오차의 분산을 상수 값으로 일정하게 만들어 분산이 평균에 의존하지 않도록 하는 것이다.**

즉, 그림 1-64에서 보면 선형 모델에서 가정하는 것은 입력 변수와 출력 변수 사이에서 출력 변수의 오차가 정규분포를 따를 때, 입력 변수 값이 증가한다고 출력 변수의 분산이 변화하지 않는다는 의미다.[2]

---

[2] 이 가정은 등분산성이라고 하는데, '궁금증 51'에서 설명한다.

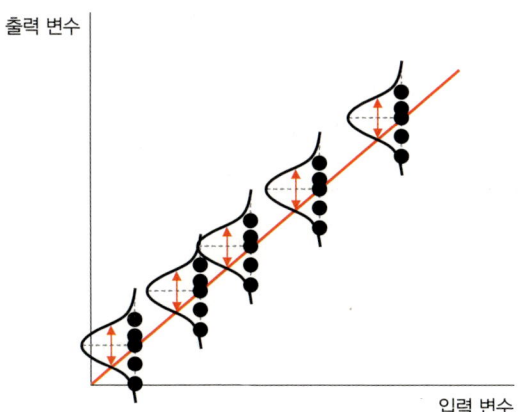

그림 1-64 출력 변수의 오차가 상수 값 분산을 가지는 경우

실제 데이터에서는 간혹 이 가정이 깨지기도 한다. 다양한 원인으로 다음 그림과 같이 완전히 불규칙적인 형태로 분산이 나타날 수도 있다.

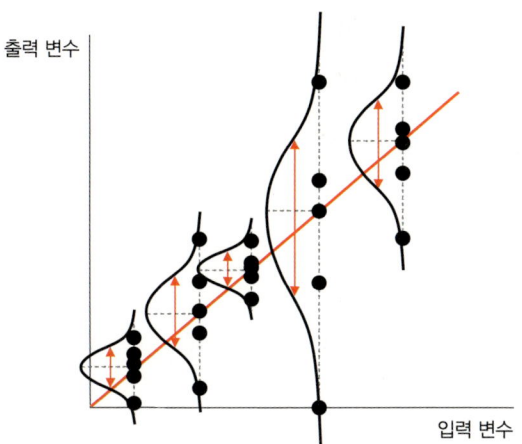

그림 1-65 출력 변수의 오차가 불규칙한 분산을 가지는 경우

보다 현실적인 시나리오는 그림 1-66에서 볼 수 있듯이, 입력 변수 값이 커질수록 출력 변수의 분산이 비례적으로 함께 증가하는 상황이다. 간단하게 예를 들어 보면, 자동차에 가해지는 힘에 따라 변화하는 가속도를 측정하는 실험을 한다고 하자. 이러한 세팅에서 입력 변수는 자동차에 가해지는 힘이 되고, 출력 변수는 자동차의 가속도가 된다. 이때 가해지는 힘이 커질수록 그만큼 더 큰 가속도가 측정될 것이다. 그런데 가해지는 힘이 커질수록 가속도를 측정할 때 오류가 더욱 많이 발생하여 그 값의 변동성이 커지는 상황인 것이다.

즉, 많은 실험에서 어떤 값을 측정할 때 측정하고자 하는 대상의 측정값이 커지면서 측정의 정확성이 떨어지는 상황이 올 수 있다. 이 경우 평균에 따라서 분산이 함께 증가하여 분산 안정화가 필요한 순간이 올 수 있는 것이다.

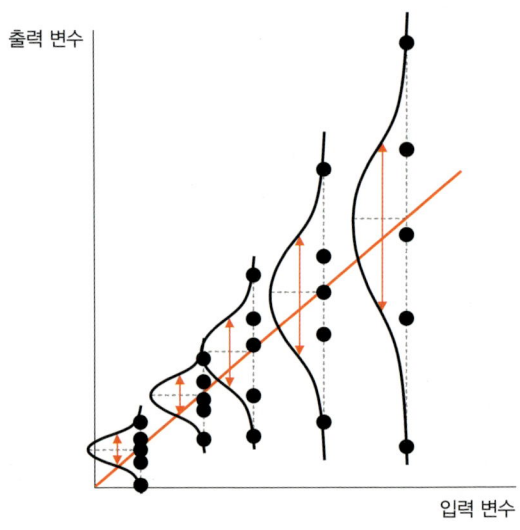

그림 1-66 출력 변수의 오차가 입력 변수에 비례하여 증가하는 분산을 가지는 경우

여기에서 분산 안정화 변환을 수행하는 방법은 분산과 평균 사이의 관계에 따라서 적합한 방법을 사용할 필요가 있지만, 다루어야 할 확률분포가 너무 다양하고 구체적인 확률분포에 특화된 정보라서 이 책이 추구하는 목적과는 맞지 않아 생략했다.

다만 이 방법 중에서 로그 변환을 많이 사용하므로, 분산 안정화가 필요한 경우 로그 변환을 수행하면 앞서 배운 정규성 변환까지 한꺼번에 되는 효과가 있다. 그러므로 로그 변환을 수행할 때 어떤 목적으로 하는지, 어떤 효과들이 발생할 수 있는지 강조하려고 분산 안정화까지 다루었다.

궁금증 22

공분산행렬과 상관행렬이란

데이터의 변수가 하나일 때는 해당 데이터가 얼마나 퍼져 있는지 정도를 분산이라는 하나의 숫자로 평가할 수 있다. 하지만 변수가 두 개 이상이면 분산과 함께 공분산을 모두 고려한 **공분산행렬**(covariance matrix)을 사용하여 표현해야 한다. 우선 공분산 개념부터 알아보자. 공분산이라는 것은 다음 수식으로 계산된다.

$$cov(x, y) = E[(x - E[x])(y - E[y])]$$

이 공식에 다음과 같이 변수를 동일하게 x로 넣으면 x 변수에 대한 편차 제곱의 기댓값이 되면서 분산 정의와 동일하게 된다. 따라서 앞의 공분산 공식은 분산도 포함하는 일반화된 개념이라고 볼 수 있다.

$$cov(x, x) = E[(x - E[x])^2] = var(x)$$

아! 지금까지는 모집단의 공분산을 계산하는 공식이었는데, 샘플에 대한 공분산이 궁금하다면 기댓값에 해당하는 부분을 평균으로 바꾸면 된다. 따라서 샘플의 공분산은 앞의 모집단에 대한 공분산 수식이 다음과 같이 바뀐다.

$$cov(x, y) = \frac{\sum_{i=1}^{n}(x_i - \bar{x})(y_i - \bar{y})}{n-1}$$

샘플 분산과 마찬가지로 n이 아닌 $n-1$로 나누어 주는 것을 볼 수 있다.[3] 자, 그럼 분산 설명은 익숙하므로 생략하고, 공분산에 집중해 보자. 먼저 다음과 같은 간단한 예시로 공분산 값의 의미를 이해해 보자.

샘플 데이터(x, y) = (1, 2), (2, 4), (3, 6), (4, 8)

이때 샘플 평균을 의미하는 $\bar{x}$는 $(1+2+3+4)/4=2.5$가 되고, $\bar{y}$는 $(2+4+6+8)/4=5$가 된다. 이를 바탕으로 앞의 샘플 데이터에 대해서 $cov(x, y)$를 구하면 다음과 같다(수식 내에서 빨간색으로 양수가 되는 부분을, 파란색으로 음수가 되는 부분을 표시해 두었다).

$$cov(x,y) = \frac{((1-2.5)(2-5) + (2-2.5)(4-5) + (3-2.5)(6-5) + (4-2.5)(8-5))}{4-1}$$
$$= 3.333\cdots$$

여기에서 보면, x값이 증가함에 따라서 y값도 덩달아 증가하기 때문에 공분산은 양수가 나온다. 앞부분 계산을 자세히 살펴보면, 평균보다 작은 값도 x와 y 두 변수 모두 평균보다 작아져 이러한 음수 둘을 곱했을 때 양수가 되는 효과가 생긴다. 물론 평균보다 더 큰 값은 둘 다 양수가 되고, 그것들 곱 역시 양수가 되어 평균을 구하면 최종적으로 양수가 되는 것을 알 수 있다.

---

[3] 이 부분에 대한 자세한 설명은 저자 블로그를 참고하길 바란다. https://blog.naver.com/sw4r

반면에 x값이 증가함에 따라서 y값이 감소하는 다음 예시를 살펴보자.

샘플 데이터(x, y) = (1, 8), (2, 6), (3, 4), (4, 2)

이에 대한 공분산을 계산하면 다음과 같다. 여기에서도 빨간색과 파란색으로 구분하여 표시한 부호를 살펴보면, 평균보다 큰 경우와 작은 경우가 x와 y 두 변수에서 반대가 된다. 그렇기에 최종적으로 서로 반대인 양수와 음수의 곱은 음수가 되어 결국에는 음수 값을 더욱 크게 만든다.

$$cov(x,y) = \frac{((1-2.5)(8-5) + (2-2.5)(6-5) + (3-2.5)(4-5) + (4-2.5)(2-5))}{4-1}$$
$$= -3.333\cdots$$

마지막으로 x와 y 두 변수가 전혀 상관없는 독립인 예시를 생각해 보자. 다음과 같이 조금 극단적으로 x가 어떤 값이든 y값은 항상 5로 일정한 샘플 데이터를 가정해 보겠다.

샘플 데이터(x, y) = (1, 5), (2, 5), (3, 5), (4, 5)

이때는 일단 y 쪽의 평균이 5이면서 모든 편차가 5에서 5를 빼기 때문에 0이 된다. 0과 어떤 값을 곱하든 0이므로, 0의 평균은 0이 되어 두 변수 사이에 어떤 상관관계도 없는 독립인 상황에서는 0의 공분산을 다음과 같이 가지는 것이다.

$$cov(x,y) = \frac{((1-2.5)(5-5) + (2-2.5)(5-5) + (3-2.5)(5-5) + (4-2.5)(5-5))}{4-1}$$
$$= 0$$

지금까지 예시에서는 어떻게 보면 이상적으로 x가 증가할수록 항상 y가 증가하거나, x가 감소할수록 항상 y가 감소하도록 했다. 가끔은 다른 패턴을 보이거나 이상치가 있어 생각했던 것보다 작거나 큰 값이 나올 수도 있다. 그러나 전반적인 패턴은 이러한 양수와 음수를 이용해서 잡아낼 수 있다는 점을 기억하자.

그리고 앞서 $cov(x, y)$를 하나의 값으로 계산했지만, 행렬로 나타내면 다음과 같다.

$$cov(x, y) = \begin{bmatrix} \sigma_x^2 & \sigma_{xy}^2 \\ \sigma_{xy}^2 & \sigma_y^2 \end{bmatrix}$$

공분산행렬에 있는 요소 하나하나에 실제 데이터가 어떻게 퍼져 있는지 연결시키면 다음 그림과 같다.

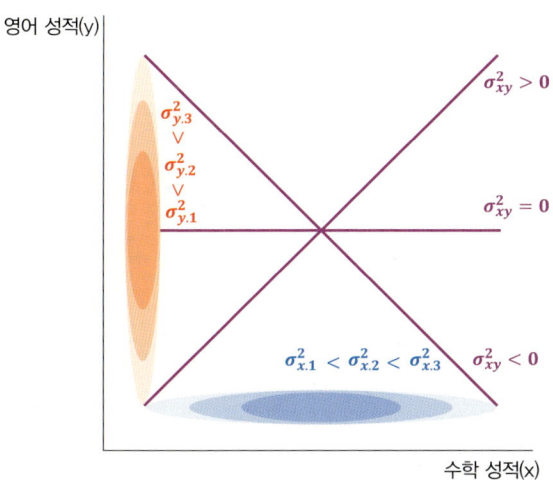

그림 1-67 공분산행렬의 시각적 의미

예시로 다음과 같은 공분산행렬이 있다고 하자.

$$cov(x, y) = \begin{bmatrix} 3 & -2 \\ -2 & 1 \end{bmatrix}$$

이 공분산행렬에서 대각 원소의 첫 번째인 3값은 x축 방향으로의 분산으로, x축 방향으로 얼마나 퍼져 있는지 정도(앞의 그림에서 파란색 음영)를 나타낸다. 대각 원소의 두 번째 원소인 1은 y축 방향으로 얼마나 퍼져 있는지 정도(앞의 그림에서 빨간색 음영)다. 마지막으로 대각이 아닌 원소들은 모두 −2로 동일한데, 공분산행렬에서 이 부분은 대칭일 수밖에 없다. 공분산 항은 수식적으로 x와 y 순서를 바꾼다고 하여 결과에 변화가 없기 때문이다. 아무튼 이 대각이 아닌 원소는 x–y 평면에서 얼마나 기울어 있는지에 대한 척도(앞의 그림에서 보라색 실선)라고 보면 된다. 물론 데이터는 항상 오류를 포함하니 이것처럼 테두리가 아주 깔끔하지는 않겠지만, 대략적으로 다음 그림과 비슷하다고 보면 된다.

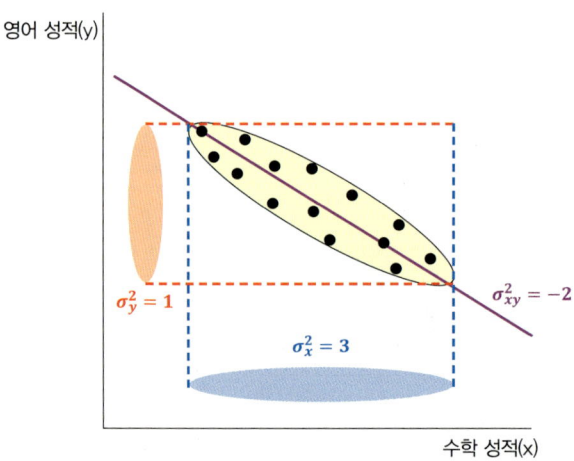

그림 1-68 공분산행렬의 데이터 형태 예시

물론 상관계수 역시 동일한 직관이 통한다고 볼 수 있다. 그런데 좀 더 엄밀히 말하면, 상관계수와 공분산은 약간의 차이가 있다. 상관계수는 공분산에 대한 표준화 버전이라고 보면 된다. 그리고 상관계수(correlation coefficient)를 행렬의 형태로 표현한 것이 다음에 보이는 상관행렬(correlation matrix)이다.

$$corr(x, y) = \frac{E[(x - E[x])(y - E[y])]}{\sigma_x \sigma_y}$$

여기에서는 공분산에서 x와 y 두 변수 각각에 대한 표준편차를 나누어 줌으로써 표준화의 효과를 가지게 했다. 즉, **데이터에 미리 표준화를 실시한 뒤 공분산행렬을 계산한 것이나 표준화를 하지 않고 이 방법으로 상관행렬을 계산한 것이나 같은 행렬이 되는 것이다.** 표준화 이야기는 '궁금증 16'에서 자세히 다루었으니 참고하길 바란다.

Chapter
2

추론 통계를 배우면서 드는 궁금증

궁금증 23

우도 VS 확률

앞서 추론 통계를 설명할 때 추론 통계는 빈도주의와 베이지안 두 가지 관점으로 나뉜다고 했다. 빈도주의적인 관점에서 반드시 등장하는 개념이 우도(또는 가능도)(likelihood)다. 이것과 확률이라는 개념이 굉장히 헷갈리기 때문에 이 두 개념부터 정확히 잡고 가겠다.

확률

확률(probability) 개념을 이해하는 데 필요한 기본 개념들을 먼저 알아보겠다. **시행**(experiment)은 동일한 조건하에서 여러 번 반복하여 수행할 수 있는 실험이나 관측을 의미한다. 이때 결과는 항상 동일한 값이 나오지 않고 랜덤성을 가진다. 이러한 시행에서 발생 가능한 모든 결과 집합을 **샘플 공간**(sample space)이라 하고, 수학적 기호로는 그리스 문자 오메가(Ω)로 표기한다. **사건**(event)은 샘플 공간의 부분집합으로, 이것은 분석하는 사람이 무엇에 관심이 있는지에 따라서 다르다. 예를 들어 주사위 굴리기에서 홀수의 경우에만 관심이 있다면 {1, 3, 5}가 사건이 된다.

이제 확률을 정의해 보자. 확률은 엄밀히 말하면 특정 사건이 일어날 확률이라고 말해야 한다. 즉, 사건이 달라지면 확률도 달라진다. 사건 A가 있으면 사건 A에 대한 확률이 정의되고, $P(A)$라고 표기한다. 사건 A의 확률은 사건 A의 원소 개수에서 샘플 공간의 전체 원소 개수를 나누어 주면 된다. 즉, 다음과 같다.

$$P(A) = 사건\ A의\ 확률 = \frac{사건\ A의\ 원소\ 개수}{샘플\ 공간의\ 전체\ 원소\ 개수}$$

예를 들어 다음과 같이 주사위를 한 번 굴리는 실험을 살펴보자.

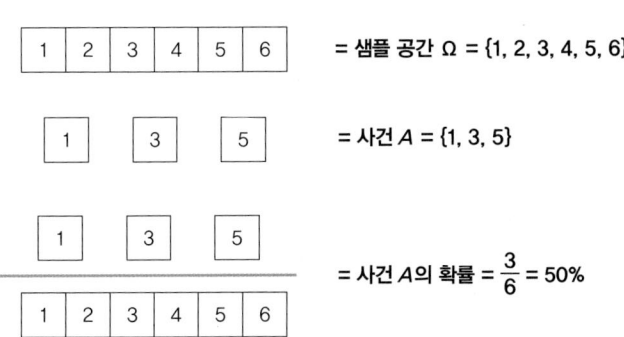

그림 2-1 주사위 굴리기 문제에서 확률 구하는 예시

여기에서 주사위를 한 번 굴린다는 행위 자체는 시행이 된다. 그럼 이때 샘플 공간은 주사위의 윗면에 올 수 있는 모든 가능한 숫자가 된다. 1부터 6까지 숫자가 새겨져 있는 주사위를 생각해 보면 {1, 2, 3, 4, 5, 6}이 샘플 공간이 된다. 이때 사건 A를 홀수의 경우로 한정한다면 사건 A는 {1, 3, 5}가 된다. 이러한 사건 A가 일어날 확률은 사건 A의 원소 개수는 세 개고 샘플 공간의 전체 원소 개수는 여섯 개이므로, 3/6=50%가 된다.

앞의 주사위 문제에서는 변수가 1, 2, 3, 4, 5, 6… 식으로 정수 값으로 딱딱 떨어지는 이산적인 값이었다. 그렇기 때문에 앞과 같은 방식으로 확률을 계산할 수 있고, 각각의 샘플 공간에 있는 모든 원소 각각에 대한 확률을 나타낸 함수로 확률을 바로 계산할 수 있다. 이 함수를 **확률질량함수**(Probability Mass Function, PMF)라고 한다. 따라서 주사위 굴리기 문제에 대한 확률질량함수는 다음 그림과 같이 그래프로 나타낼 수 있다.

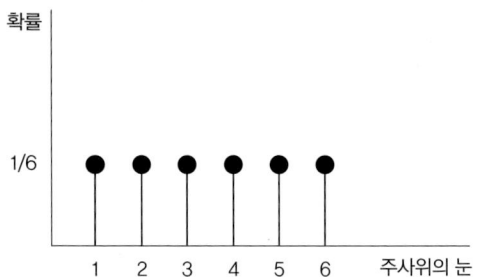

그림 2-2 주사위 굴리기 문제의 확률질량함수 그래프

즉, 확률질량함수에서 x축에 값을 넣었을 때 바로 확률이 계산된다. 예를 들어 주사위 눈이 1, 2, 3, 4, 5, 6 각각이 될 확률은 모두 1/6이 되는 것이다.

하지만 사람들의 키나 몸무게처럼 연속형 데이터에서는 확률을 바로 계산하지 못하고 구간으로만 계산할 수 있다. **연속형 데이터에서는 확률질량함수가 아닌 확률밀도함수**(Probability Density Function, PDF)**를 사용하여 확률을 계산해야 하기 때문이다.** 즉, 다음 그래프는 특정한 그룹의 '키'에 대한 데이터의 확률밀도함수를 그래프로 나타낸 것이다. 이 그룹 내에서 키가 160cm에서 170cm 사이를 가질 확률은 다음 그림에서 빗금친 부분의 면적을 계산하면 된다. 연속함수이므로 x축을 160에서 170까지 이 함수에 대해서 적분하면 면적이 되고, 그것이 확률이 되는 것이다.

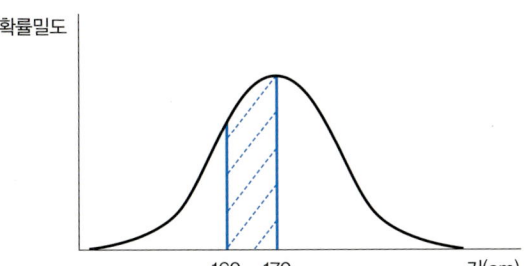

그림 2-3 '키'에 대한 데이터의 확률밀도함수 그래프

우도

우도는 어떤 파라미터를 따르는 확률분포와 보유한 관측 값들의 일관된 정도를 의미한다. 즉, 우도는 각각의 파라미터마다 정의되며, 보유한 관측 값들이 각각의 파라미터를 따르는 확률분포에서 왔을 가능성을 의미한다. 사실 우도 개념을 처음 접했다면 이렇게 글로 설명한 정의만으로는 바로 이해하기가 어려울 수 있다. 다음으로 다루는 내용들을 모두 보면서 완전히 이해할 수 있도록 하자. 먼저 우도 정의를 수식으로 표현하면 다음과 같다. 여기에서 좌항의 대문자 L은 우도함수(likelihood function)를 의미한다. 즉, L이라는 이름의 함수다. 우항의 대문자 P는 확률밀도함수이거나 확률질량함수를 의미한다.

$$L\left(\text{파라미터}(\theta) \mid \text{데이터}(x)\right) = P\left(\text{데이터} \mid \text{파라미터}\right)$$

이 두 값이 같다는 것이 우도의 정의인데, 이것만 보면 확률질량함수 또는 확률밀도함수(데이터 특징에 따라 다르다)와 똑같다고 생각할 수 있다. 좀 더 자세히 살펴보면 그 미묘한 차이를 이해할 수 있을 것이다. 우도함수

L은 파라미터를 입력으로 받는 함수가 된다. 이때 데이터는 주어진 조건이기 때문에 이 수식에서 |를 사용하여 조건부로 표현했다. 보다 구체적으로 말하면, **데이터가 주어졌다는 것은 데이터 값 하나하나를 모두 안다는 것으로 고정된 값을 가진다는 의미**다. 이때 파라미터는 고정되지 않은 변수가 된다. 그런데 우도함수의 우항과 수식이 동일하기 때문에 같은 형태를 취하는 것이 맞다. 여기에서 형태가 같아진다고 했는데, 함수의 수식은 동일한 형태를 취하지만 미지수가 무엇인지에 대한 부분이 다르기 때문이다. 이 부분은 다음 예시로 좀 더 자세히 알아보자.

간단한 동전 던지기 문제에 대한 확률질량함수(동전 던지기 문제가 이산형 데이터이므로)를 예로 들어 우도로 표현하면 다음과 같다. 여기에서 확률질량함수든 우도든 동일한 수식을 취한다는 것에 집중해 보자. 함수 형태는 완전히 동일하지만, 무엇을 미지수로 여기는지에 따라 차이가 있다. 우도의 경우 **데이터는 고정된 상태에서 파라미터가 미지수인 함수가 된다**. 다음 수식 형태는 베르누이 확률질량함수와 동일하다. **베르누이 분포**는 동전 던지기(앞면 또는 뒷면)처럼 두 가지 상황만 존재할 때 쓰는 확률분포다. 우도의 경우 확률질량함수의 파라미터인 p가 미지수가 된다. 구분이 쉽도록 빨간색으로 표시했다.

$$L\left(파라미터(p가\ 변수)\mid 데이터(x는\ 고정)\right) = p^x(1-p)^{1-x}$$

다음으로 확률질량함수를 살펴보자. 이것은 다음과 같이 우도와 정확히 반대되는 양상을 보인다.

$$\text{확률질량함수} = P\bigl(\text{데이터} \mid \text{파라미터}\bigr)$$

여기에서는 **파라미터가 주어진 상태에서 데이터가 미지수인 함수가 된다.** 즉, 파라미터가 어떤 일정한 값으로 고정된 상태에서 데이터가 고정되지 않은 변수로서 역할을 하게 된다. 이것을 앞서 베르누이 상황에 적용하면 다음과 같다.

$$\text{확률질량함수} = f\bigl(\text{데이터}(x\text{가 변수}) \mid \text{파라미터}(p\text{는 고정})\bigr) = p^x(1-p)^{1-x}$$

여기에서 P를 f로 바꾸었는데, f는 함수를 의미한다. 함수 관점에서 파라미터가 조건일 때 데이터 함수라는 것을 강조하려고 바꾸어서 표현했다. 수식적으로는 단지 데이터와 파라미터 중에서 누가 미지수로 사용되는지 그 차이만 인지하면 된다. 앞의 확률질량함수에서는 p가 0.25로 고정되었다고 해 보자. 이때 x에 아무 값이나 넣었을 때, 그때의 확률을 계산해 줄 수 있다. 즉, 베르누이 확률질량함수에 다음과 같이 p에 0.25를 넣어 보자.

$$\text{확률} = P(x) = 0.25^x(1-0.25)^{1-x}$$

이것을 그래프로 그리면 그림 2-4와 같다. 즉, x가 0일 때는 0.75가 되고, x가 1일 때는 0.25가 된다는 것을 알 수 있다. 이 뜻은 $P(x=0) = 0.75$, $P(x=1) = 0.25$다. 여기에서 x는 미지수로, x가 어떤 값일 때 확률을 알려주는 함수가 된다.

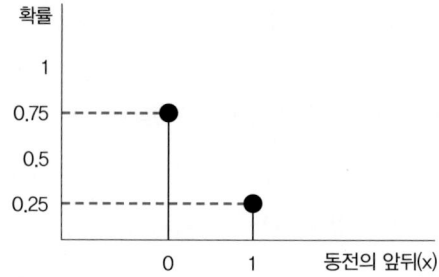

그림 2-4 p=0.25일 때 베르누이 확률질량함수 그래프

이후에 보다 다양한 관점으로 이 둘 차이를 이해해 볼 것이다.

궁금증 24

여러 샘플에 대한 우도는 어떻게 계산하나?

다음으로 넘어가기 전에 알아 두어야 할 중요한 개념은 여러 가지 샘플 데이터가 있을 때 여러 샘플이 있을 우도를 계산해야 하는 것이다. 실제로 데이터 분석을 할 때는 단 하나의 샘플이 아닌 여러 샘플에 대한 우도를 계산한다. 앞서 수식들은 샘플 한 개에 대한 내용이고, **샘플이 여러 개면 이 샘플들은 서로 독립이라는 가정하에 결합 확률을 구해야 한다.** 독립인 상태에서 결합 확률은 서로 곱하기만 하면 되기에 독립시행으로 얻은 각 샘플에 대해 일어날 확률을 모두 곱하면 샘플 전체에 대한 확률이 된다. 우도에서도 마찬가지로 곱하면 되고, 최종적으로 여러 샘플이 있을 때 우도는 다음과 같다.

$$L_{\text{샘플 전체}}(\text{파라미터} \mid \text{데이터}) = \prod_{i=1}^{n} L(\text{파라미터} \mid \text{데이터}_i)$$

$\prod$ 기호는 곱을 하라는 것으로, $i=1$일 때의 $L(i=1)$ 값과 2, 3, ⋯, n을 넣었을 때의 L값을 각각 모두 곱한다는 의미다. 물론 여기에서 L은 이산형 데이터에서는 확률질량함수며, 연속형 데이터에서는 확률밀도함수와 같은 형태를 취하고 미지수는 파라미터가 된다. 자, 그러면 본격적으로 예시를 통해

서 여러 샘플이 있을 때 우도를 계산하는 것과 최대화시키는 것이 어떤 의미인지 알아보자.

궁금증 25

이산형 데이터에서 우도를 최대화한다는 것의 직관적 의미는?

먼저 앞서 동전을 한 번 던져서 앞면 또는 뒷면이 나오는 베르누이 시행에서 여러 샘플이 있을 때, 우도를 최대화해 보자. 예를 들어 동전을 실제로 던져 보니 총 앞면(0)이 한 번, 뒷면(1)이 세 번 나왔다고 하자. 이때 우도를 계산하려고 샘플 전체에 대한 우도의 수식에 베르누이 확률질량함수를 넣으면 다음과 같다.

$$L_{\text{샘플 전체}}(\text{파라미터} \mid \text{데이터}) = \prod_{i=1}^{n} L(\text{파라미터} \mid \text{데이터}_i) = \prod_{i=1}^{4} p^{x_i}(1-p)^{1-x_i}$$

여기에서 $i=1$부터 하나씩 넣어서 각각의 우도를 살펴보자. 첫 번째 동전은 앞면이 나왔다고 하자. 그러면 $x_1=0$이 된다. 이 값을 수식에 넣어 보면, $p^0(1-p)^{1-0}=1-p$가 된다. 이때 p는 우리가 추정해야 하는 파라미터다. 즉, 우도는 $f(p)$ 형태가 되어 p의 함수가 된다. p를 미지수로 두고 미분을 사용하여 이것을 최대화시킬 수도 있지만, 여기에서는 우도에 대한 감각을 익힐 수 있게 p를 여러 값으로 변화시키면서 우도가 어떻게 바뀌는지 확인해 본다. 그러면서 최댓값이 되었을 때 p값이 어떻게 되는지도 알아보겠다.

p=0.5에서 시작해 보자. 즉, 앞면 또는 뒷면이 나올 확률이 0.5로 똑같다고 가정해 보는 것이다. 보통 동전의 경우 잘 균형 잡히게 만들어진 동전이라면 0.5의 확률을 가질 것이다. 과연 내가 가진 샘플 네 개를 토대로 동일한 결론에 도달하는지 확인해 보자. 그러면 p에 0.5를 넣은 상태로 i=1일 때의 우도를 계산하면 다음 수식과 같이 0.5가 된다.

$$p^0(1-p)^{1-0} = 1 - p = 1 - 0.5 = 0.5$$

또는 p=0.5일 때의 확률질량함수를 다음 그래프처럼 그린 뒤 x_1=0일 때의 y축 값을 보면 0.5라는 것을 알 수 있다. 즉, 확률질량함수 공식을 사용하거나 확률질량함수 그래프에서 바로 y축 값을 가져오면 우도가 된다. 그러면 첫 번째 샘플에 대한 우도는 0.5로 기록해 두자. 앞으로는 보다 쉽게 이해하기 위해서 다음 그림과 같이 그래프로만 나타내겠다.

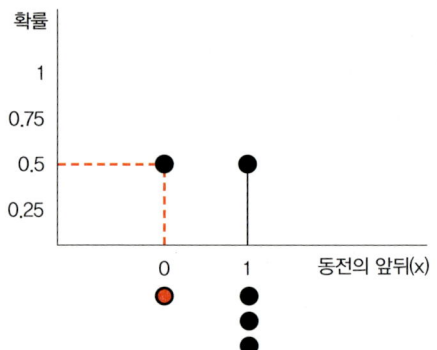

그림 2-5 첫 번째 샘플의 우도 계산 과정

두 번째 샘플은 뒷면이 나왔다고 하자. 이때 우도를 계산하면 동일한 원리로 다음과 같이 0.5가 되는 것을 알 수 있다. 당연히 세 번째와 네 번째 샘플도 뒷면이므로, 두 번째 샘플과 동일하게 0.5가 나올 것이다.

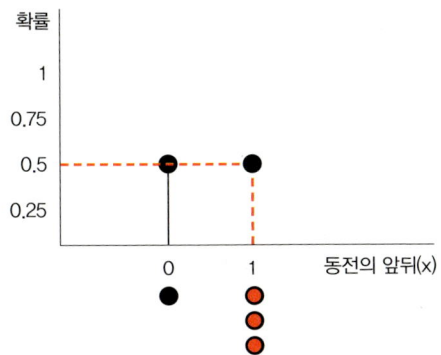

그림 2-6 두 번째와 세 번째, 네 번째 샘플의 우도 계산 과정

이렇게 각각의 샘플에 대한 우도를 계산한 뒤 모두 곱하면 전체 샘플에 대한 우도가 계산된다. 이 예제에서는 $0.5 \times 0.5 \times 0.5 \times 0.5 = 0.0625$가 된다.

자, 이제 p를 바꾸어서 다른 모델에서는 어떤 우도가 생기는지 확인해 보자. $p=0.25$라고 하자. 이때 확률질량함수의 그래프 형태는 다음 그림과 같이 바뀐다.

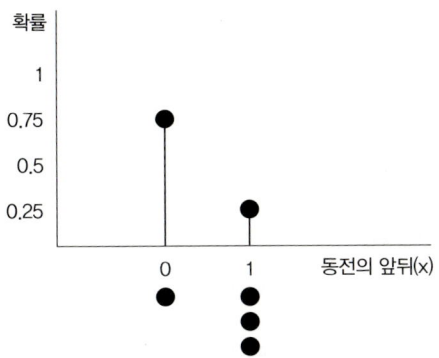

그림 2-7 $p=0.25$일 때 데이터의 우도

이때 우도는 동전 앞면(x=0)이 나오면 0.75가 되고, 뒷면(x=1)이 나오면 0.25가 된다. 따라서 우리가 가진 샘플은 앞면이 한 번, 뒷면이 세 번이 므로 전체 샘플에 대한 우도는 0.75×0.25×0.25×0.25=0.0117⋯=약 0.012가 된다.

마지막으로 파라미터 p=0.75라고 하자. 그러면 다음과 같이 확률질량함수의 형태가 바뀐다. 이때도 동일한 원리로 전체 샘플에 대한 우도를 계산하면 0.25×0.75×0.75×0.75=0.1054⋯=약 0.105가 된다.

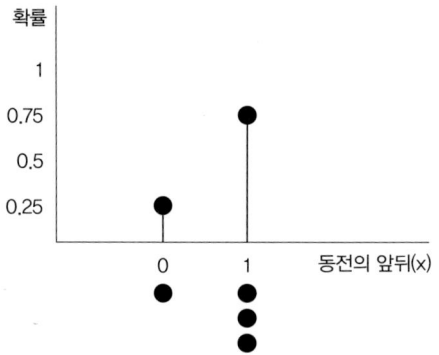

그림 2-8 p=0.75일 때 데이터의 우도

지금은 간단하게 p를 0.5, 0.75, 0.25에서만 살펴보았다. 본래 p는 연속적인 값이므로 모든 값에서 전체 샘플에 대한 우도를 계산하면서 가장 최댓값이 되는 p를 찾으면 **최대우도추정치**(Maximum Likelihood Estimate, MLE)가 되는 것이다. 여기에서는 $p=0.75$까지만 해 봐도 직관적으로 정답이라고 받아들일 수 있어서 그만했다. 직관적으로 보았을 때 동전을 총 네 번 던졌는데, 앞면은 한 번밖에 나오지 않고 뒷면은 세 번이나 나왔다. 이 데이터 결과만 놓고 보면 네 번 중에 세 번 뒷면이 나왔으니, 뒷면이 나올 확률은 3/4이라고 결론 내리기 쉽다. 이것이 앞서 최대우도추정 방법으로 구한 동전의 뒷면이 나올 확률과 동일하다. 앞서 설명했듯이 보통 잘 만들어진 동전이라면 0.5의 확률이 나와야 하지만, 내가 가진 데이터만 가지고 판단하는 최대우도추정 방법으로 내린 결론은 앞면이 나올 확률 0.25, 뒷면이 나올 확률 0.75인 것이다.

물론 여기에서 샘플을 무한정 많이 추출하면 0.5에 가까울 것이다(이것이 큰 수의 법칙이다). 아니면 베이지안이라는 관점을 이용하여 정답에 더욱 가깝게 할 수도 있다. 샘플링 단 네 번만으로 정답에 도달하려고 하다 보니 오류가 많이 발생한 상황이다.

예를 들어 정말로 정밀하게 균형 잡힌 동전을 만들었다고 하자. 그래서 뒷면이 나올 확률은 0.5여야 한다고 하자. 그럼에도 데이터 네 개로만 결론을 내리면 0.5에서 벗어날 가능성이 있다. 이때 사전 지식으로 사용하는 것이 베이지안 관점이다. 사전에 동전 뒷면이 0.5의 확률로 나온 사례가 역사적으로 많았다고 한다면, 이 정보를 추가하여 결론을 내릴 수 있다. 이러한 사전 지식을 **사전확률**(prior probability)이라 하고, 우도에 이를 곱하면 **사후확률**(posterior probability)에 비례한다. 그리하여 최종적으로는 사후확률이 최대가 되는 파라미터를 추정하는 것이 **최대사후확률추정 방법**(Maximum A Posterior Estimation, MAP)이다. 이 부분은 '궁금증 31'에서 좀 더 자세히 다룬다.

궁금증
26

최대우도추정치 계산을 컴퓨터는 어떻게 할까?

다시 최대우도추정 방법으로 돌아가 보자. 지금까지는 p값을 내가 바꾸어 가면서 전체 샘플에 대한 우도가 어떻게 변화하는지 보면서 가장 높은 값이 나오는 순간을 찾으려고 노력했다. 하지만 실제 컴퓨터상에서는 **함수의 최댓값을 구하는 문제를 푼다**. 즉, 앞의 예제에서 $f(p)$의 함수로 각각의 샘플에 대한 우도를 나타낼 수 있고, 이를 모두 곱하면 다음과 같이 $f(p)$ 형태의 함수가 된다.

$$\prod_{i=1}^{4} p^{x_i}(1-p)^{1-x_i} = p^3(1-p)^1$$

이 함수 값을 그래프로 그려 보자. x축이 p가 되고, y가 우도 값이 되니 수식은 다음과 같다.

$$y = x^3(1-x)$$

이 함수를 그래프로 그리면 다음 그림과 같은 형태의 그래프가 된다. 여기에서 y값이 전체 샘플에 대한 우도가 되고, x가 파라미터인 p가 된다. 즉, p값이 바뀔 때마다 샘플 전체에 대한 우도가 바뀌고, 거기에서 최댓값은 그림에서 보이듯이 0.75다. 즉, 컴퓨터상에서는 다음 그래프의 함수 최댓값을 계산하는 문제로 바라볼 것이고, 이것을 수치적으로 풀거나 해석적으로 풀 수 있다. 보통 컴퓨터상에서는 수치적으로 풀지만, 우리는 한번 해석적으로 풀어 보자.

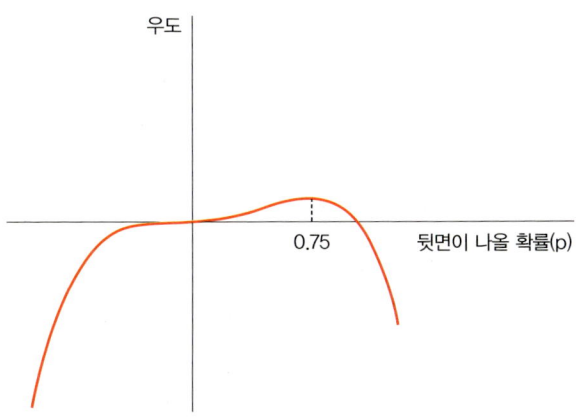

그림 2-9 파라미터 p에 따른 우도 값의 변화

참고로 수치적으로 한다는 것은 대략화를 사용하여 함수를 정확하게 미분하지 않고, **함수 값들을 이용하여 계산한 차분을 바탕으로 계산하는 것을 의미한다.** 이 부분은 공학의 수치해석 파트를 공부하면 보다 자세히 알 수 있다.

궁금증 27

이산형 데이터의 최대우도추정치 계산을 수식적으로 한다면?(feat. 미분)

자, 그럼 해석적으로 어떻게 최댓값을 찾을 수 있는지 연습해 보자. 이것도 그렇게 어렵지 않은 것이 이미 고등학교 때 다룬 **최댓값을 구하는 문제에서 미분을 활용하는 방법**이다. 미분은 함수 기울기를 의미하고, 최댓값이나 최솟값이 되는 순간에는 미분이 0이 된다. 그림 2-9에서도 기울기가 0인 지점이 최댓값이 된다. 이후 보다 자세한 과정은 '궁금증 28'과 함께 설명한다.

궁금증 28

우도에 로그를 취하는 이유는?

아무튼 그러면 우리는 $f(p)$라는 p에 대한 함수를 p로 미분하면 된다. 이때 미분을 보다 쉽게 하기 위해서 우도함수에 로그를 취한다. 그렇게 해서 구한 값은 로그-우도가 된다. 미분을 쉽게 하려고 우도에 로그를 취하는 것이지만, 계산을 용이하게 하려는 다른 이유도 있다. 실제로 샘플이 많은 상황에서 각각의 우도를 계산하여 곱했을 때, 이산형 데이터의 경우 우도는 확률과 같아서 0부터 1 사이 값이 되므로 분수 값들을 계속 곱하다 보면 너무 작은 값에 도달하게 된다. 그래서 샘플이 너무 많으면 극도로 작은 값에 도달하는 **언더플로우**(underflow) 문제에 봉착한다. 따라서 이러한 문제를 해결하고 계산이 용이하도록 우도에 로그를 취해 준다.

즉, 앞의 동전 예제에서 p라는 파라미터 값을 바꿀 때마다 계산한 우도의 샘플 수가 100만 개 이상이라 가정하고 우도들을 각각 곱하면 굉장히 작은 값이 될 것이다. 이때 다음과 같이 10의 -300제곱보다 더 작은 값이 될 수 있다. 하지만 컴퓨터에서 이보다 작은 값부터는 10의 -300제곱이라고만 인식하면 이보다 작은 값들에 대해서는 누가 더 작은 값을 가지는지 알 수 없게 된다. 모든 값이 10의 -300제곱보다 작다면 최댓값을 알 수 없다. 이것을 언더플로우 문제라고 한다.

참고로 R에서는 대략적으로 10의 −324제곱 근처에서 언더플로우가 발생하는데, 컴퓨터 내에 세팅을 바꾸어 이보다 더 작은 값을 구분할 수 있기는 하지만 계산에 시간과 메모리가 굉장히 많이 소모된다.

$$p=0.1일\ 때,\ 우도=10^{-300}$$

$$p=0.2일\ 때,\ 우도=10^{-300}$$

$$p=0.3일\ 때,\ 우도=10^{-300}$$

$$...$$

$$p=0.9일\ 때,\ 우도=10^{-300}$$

그런데 연속형 데이터에서는 우도가 확률이 아니라 확률밀도다. 그렇기 때문에 확률밀도는 1 이상의 값도 충분히 나올 수 있다. 여기에서는 오히려 **오버플로우**(overflow) 문제가 발생하여 최댓값을 계산하기 어려울 수 있다.

그렇기에 **해석적으로도 쉽고 수치적으로도 쉽게 계산하기 위해서 우도에 로그를 취해 준다.** 로그를 취하는 것은 우도의 절대적인 값에는 영향을 주지만, 상대적으로 최댓값을 계산할 때 로그는 크게 영향을 주지 않는다. 즉, 다음과 같이 a와 b라는 값이 있을 때 이 둘의 상대적인 크기는 로그를 취한다고 바뀌지 않는다. 이러한 성질을 단조함수라고 한다. **로그함수가 단조함수이기 때문에 최댓값을 구하는 문제를 풀 때는 그냥 우도에 최댓값이 되는 x값을 찾는 문제나 로그-우도의 최댓값이 되는 x값을 찾는 문제나 동일하게 보는 것이다.**

$$a > b > 0 \rightarrow \log(a) > \log(b)$$

지금까지 열심히 왜 우도에 로그를 취해도 되는지 설명했다. 이제 앞의 예제로 돌아가서 직접 적용해 보자. 앞서 구한 우도함수($f(p)$)에서 샘플 전체로 확대하여 구체적으로 나타내면 다음과 같다.

$$\prod_{i=1}^{4} p^{x_i}(1-p)^{1-x_i} = p^0(1-p)^1 \times p^1(1-p)^0 \times p^1(1-p)^0 \times p^1(1-p)^0$$

여기에 로그를 취해 0 제곱으로 된 부분은 1이 될 것이고, 1제곱의 1도 생략하면 다음과 같다.

$$log\left(\prod_{i=1}^{4} p^{x_i}(1-p)^{1-x_i}\right) = log(1-p) + log(p) + log(p) \times log(p)$$

여기에서 보면, 곱하기 연산이 로그 특성 때문에 덧셈으로 바뀐 것을 알 수 있다. 즉, 훨씬 더 계산이 용이하다. 그럼 로그를 취한 상태에서 p에 대해서 미분을 하면 다음과 같이 된다.

$$\frac{d\left(log\left(\prod_{i=1}^{4} p^{x_i}(1-p)^{1-x_i}\right)\right)}{dp} = \frac{-1}{1-p} + \frac{1}{p} + \frac{1}{p} + \frac{1}{p} = \frac{3-4p}{(1-p)p}$$

다음 수식처럼 이 미분 값이 0이 되는 p를 구해 보자. 여기에서 p는 파라미터인데 베르누이 분포에서 확률을 의미한다. 따라서 0과 1 사이 값이므로 분모는 정확히 0이 안 된다는 가정하에 곱해서 없애 버리면, 분자만 0이 되면 되니 3-4p=0이 된다. 즉, p=3/4=0.75가 되는 것을 알 수 있다.

$$\frac{3-4p}{(1-p)p} = 0$$

정확히 우리가 앞서 p를 여러 값으로 설정해 보면서 구했을 때와 동일한 값이다. 그래프에서 나타낸 지점과도 동일하고 말이다.

지금까지 동전을 한 번 던지는 시행에서 얻은 이산형 데이터에서 우도의 수식을 만드는 방법과 이를 바탕으로 최대우도추정치를 계산하는 방법을 알아보았다. 지금부터는 연속형 데이터에 적용해 보겠다.

궁금증 29

연속형 데이터의 최대우도추정치를 수식적으로 계산한다면?

먼저 간단하게 우리나라 남성 키를 측정한 샘플 데이터가 있다고 하자. 이때 키 정보는 정규분포를 따른다고 가정하고 정규분포를 따르는 통계 모델을 학습해 보자. 여기에서도 마찬가지로 최대우도추정치를 계산함으로써 최종 모델을 학습할 것이다.

우선 데이터를 간단하게 다섯 명을 가정하고 분석해 보자. 다섯 명 키는 150, 167, 170, 173, 190이다. 이 데이터가 정규분포에서 추출되었다 가정하고 이 분포를 찾아보자. 이 과정은 통계 모델에 대한 학습 과정이라고 보면 된다. 우선 정규분포라고 가정했으므로 해당 함수의 확률밀도함수를 가져와야 한다. 사람 키는 연속형 데이터로, 앞과는 달리 확률밀도함수를 사용해야 한다. 정규분포에 대한 확률밀도함수 수식은 다음과 같다.

$$\text{정규분포에 대한 확률밀도함수} = N(\mu, \sigma^2) = \frac{1}{\sqrt{2\pi\sigma^2}} exp\left(-\frac{(x-\mu)^2}{2\sigma^2}\right)$$

정규분포는 실용적으로 가장 많이 사용하는 분포이기 때문에 정규분포의 확률밀도함수 정도는 기억하길 추천한다. 정확한 숫자까지는 아니더라도 어느 정도 특징은 알아 두면 좋다. 즉, 정규분포는 기본적으로 지수함수(exp) 형태를 취하고, 지수에는 음수인 제곱 형태를 가지고 있다는 것 정도만 기억해 두자.

정규분포의 그래프에서 형태는 다음 그림과 같다. 파라미터는 평균이 μ고, 분산이 σ^2으로 구성되어 있다. 즉, 파라미터 두 개로 구성된 확률분포로, 이 두 파라미터만 알아도 분포를 완전히 안다고 할 수 있는 것이다. 여기에서 평균은 봉우리의 가장 높은 곳에 위치한 값을 의미하고, 분산은 흩어진 정도를 나타낸다. 빨간색으로 표시한 부분을 보면 얼마나 퍼져 있는지 정도를 알 수 있다. 그렇다고 선의 거리가 정확히 분산과 동일한 것은 아니다.

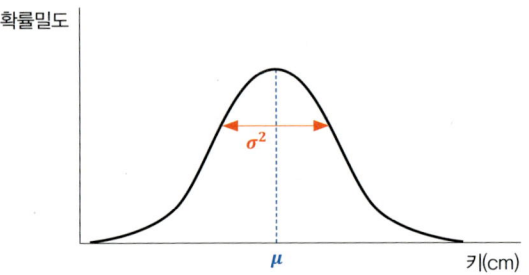

그림 2-10 정규분포의 확률밀도함수 그래프

자, 그러면 이제 샘플 총 다섯 개에 대한 우도를 계산해 보자. 수식적으로는 이전에 다룬 것과 동일하게 하되, 다음 수식과 같이 $L()$ 부분에 확률질량함수가 아닌 확률밀도함수를 넣으면 된다. 여기에서 보면, 앞과는 다르게 파라미터는 두 개가 된다.

$$L_{\text{샘플 전체}}(\text{파라미터}) = \prod_{i=1}^{n} L(\text{파라미터} \mid \text{데이터}_i) = \prod_{i=1}^{5} \frac{1}{\sqrt{2\pi\sigma^2}} exp\left(-\frac{(x_i - \mu)^2}{2\sigma^2}\right)$$

이번에는 수식을 기반으로 먼저 계산해 보겠다. 우선 우도를 각 파라미터에 대한 함수로 인식한 뒤 해당 파라미터로 미분한 값을 0으로 만들어 최대우도추정치를 계산하면 된다. 먼저 μ를 기준으로 하여 L을 μ의 함수로 앞의 수식을 인식해 보자. 즉, 빨간색으로 칠해진 μ만 파라미터고 나머지 σ^2은 상수로 취급한다.

$$L_{\text{샘플 전체}}(\mu) = \prod_{i=1}^{5} \frac{1}{\sqrt{2\pi\sigma^2}} exp\left(-\frac{(x_i - \mu)^2}{2\sigma^2}\right)$$

여기에서 앞서 했던 과정과 동일하게 계산을 편하게 하기 위해서 로그를 취해 보자. 로그의 특성 때문에 곱셈은 덧셈으로 바뀌고 다음 형태를 보인다.

$$\begin{aligned} L_{\text{샘플 전체}}(\mu) &= \sum_{i=1}^{5} log\left(\frac{1}{\sqrt{2\pi\sigma^2}} exp\left(-\frac{(x_i - \mu)^2}{2\sigma^2}\right)\right) \\ &= \sum_{i=1}^{5} \left(-log\left(\sqrt{2\pi\sigma^2}\right) - \left(\frac{(x_i - \mu)^2}{2\sigma^2}\right)\right) \end{aligned}$$

다음으로 최댓값인 극댓값을 구하기 위해서 다음 수식에서 앞의 로그-우도를 관심이 있는 파라미터인 μ로 미분하고 미분한 값을 0으로 두면, $\mu = \frac{\sum_{i=1}^{5} x_i}{5}$가 된다. 단 파라미터 평균($\mu$)으로 미분하기 때문에 그 외의 파라미터 분산(σ^2)은 상수로 취급되어 오로지 분산으로만 된 첫 항은 0이 된다.

$$\frac{\partial\left(log\left(L_{샘플\ 전체}(\mu)\right)\right)}{\partial\mu} = \sum_{i=1}^{5}\left(\frac{x_i - \mu}{\sigma^2}\right) = 0$$

참고로 ∂는 편미분을 나타낼 때 사용하는 표기법으로, 이번 우도에는 파라미터가 하나가 아닌 둘 이상이라 상미분이 아닌 편미분 표기를 사용한 것이다. 아무튼 정규분포를 가정했을 때, 샘플 다섯 개의 파라미터 μ의 최대우도추정치(μ_{MLE})는 $\frac{\sum_{i=1}^{5} x_i}{5}$ 로 결국 샘플 평균이 된다는 것을 알 수 있다. 즉, **정규분포를 따르는 평균은 샘플이 다섯 개 있으면 이 다섯 개만 가지고 평균을 계산한 샘플 평균으로 추정된다고 볼 수 있다.**

다음으로 두 번째 파라미터인 분산 σ^2에 대한 최대우도추정치를 계산해 보자. 앞과 동일한 방식을 이용하여 분산 σ^2의 함수로 이제 샘플 총 다섯 개에 대한 우도를 계산해 보자. 다음과 같이 형태가 동일하지만, 이번에는 파라미터가 평균에서 분산으로 바뀌었다. 이번에도 가독성을 높이고자 빨간색으로 파라미터를 표시해 두었다.

$$L_{샘플\ 전체}(\sigma^2) = \prod_{i=1}^{5}\frac{1}{\sqrt{2\pi\sigma^2}}exp\left(-\frac{(x_i-\mu)^2}{2\sigma^2}\right)$$

여기에 로그-우도를 만드는 과정까지 동일한 결과가 나오며, 미분할 때만 파라미터를 분산으로 바꾸어서 하면 된다. 다음과 같이 분산으로 미분한 값이 0이 된다고 하면 된다.

$$\frac{\partial\left(log\left(L_{샘플\ 전체}(\sigma^2)\right)\right)}{\partial\sigma^2} = 0$$

결론적으로 이 계산을 끝내면, 다음과 같이 분산에 대한 최대우도추정치가 나온다.

$$\sigma^2{}_{MLE} = \frac{1}{5}\sum_{i=1}^{5}(x_i - \mu)^2$$

수식을 자세히 보면, 분산 공식과 동일한 것을 알 수 있다. 즉, 편차 제곱의 평균이다. 단 샘플 분산은 자유도가 n이 아닌 $n-1$이어야 하는데, 분산에 대한 최대우도추정치는 n(이 문제에서는 $n=5$)이 되어 불편 추정량이 될 수 없다. **불편 추정량**이란 편향(bias)이 없는 통계량으로 통계량의 기댓값이 모집단 모수와 같다. 하지만 **샘플 분산은 n-1로 나누어졌을 때 불편 추정량이 되고, 분산에 대한 정규분포를 가정할 때 최대우도추정치는 편향이 있어 불편 추정량이라고 볼 수 없다.**[1]

---

[1] 여기에서 등장하는 자유도 개념과 불편 추정량인 샘플 분산에 대한 자세한 설명은 저자 블로그를 참고하길 바란다. http://blog.naver.com/sw4r

궁금증
30

연속형 데이터에서 우도를 최대화한다는 것의 직관적 의미는?

지금까지는 수식을 사용하여 해석적으로 미분을 활용해서 최대우도추정치를 계산했다. 좀 더 직관적으로 이해할 수 있게 지금부터는 그래프로 설명하겠다. 앞과 비슷하게 파라미터에 특정한 값을 넣어 해당 파라미터에서 전체 샘플 우도를 계산하고, 여러 가지 파라미터를 바꾸어 가면서 어디에서 최댓값이 되느냐를 보면 된다.

정규분포에서는 파라미터가 사실상 두 개이기 때문에 컴퓨터에서는 이 두 값을 동시에 바꾸어 가면서 최댓값을 찾을 수 있다. 그러나 여기에서는 직관만 보기 위해서 파라미터를 하나씩 따로 알아보겠다. 먼저 평균을 파라미터로 지정하고 분산은 어떤 상수 값으로 고정되었다고 가정해 보자. 분산은 1로 고정하고 평균은 150cm라고 가정했을 때 확률밀도함수를 그려 보면 다음 그림과 같다. 이때 데이터 하나에 대한 우도는 각각의 데이터 포인트를 함수에 넣었을 때 y값인 확률밀도에 해당하고, 샘플 데이터 전체의 우도는 이 값을 모두 곱해 주면 된다.

이때 확률밀도 값을 보면 0.1이 가장 큰 값으로 나와 있는데, 이 값 범위는 x축 값의 범위와 연관성이 있다. 전체 확률 합은 1이기 때문에 정규분포에 대한 확률밀도함수를 음의 무한대에서 양의 무한대까지 적분하면 1이 되게 하는 y값이 결정된다. 따라서 x축 값이 소수점이 있는 어떤 작은 값을 가지는 측정치가 된다면, y값은 1 이상의 매우 큰 값이 될 수도 있다.

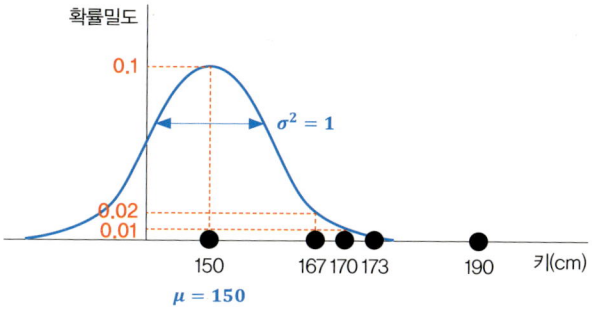

그림 2-11 분산=1, 평균=150일 때 우도 계산 과정

다시 본론으로 돌아가서 전체 샘플에 대한 우도 값을 계산하면 $0.1 \times 0.02 \times 0.01 \times 0.0001 \times 0.00001 = 2e-14$다. 데이터 포인트 173cm와 190cm일 때 우도 값은 굉장히 작은 값으로 대략 0.0001과 0.00001이라고 하자. 자, 그러면 평균을 오른쪽으로 좀 움직여서 평균이 160cm라고 세팅해 보자.

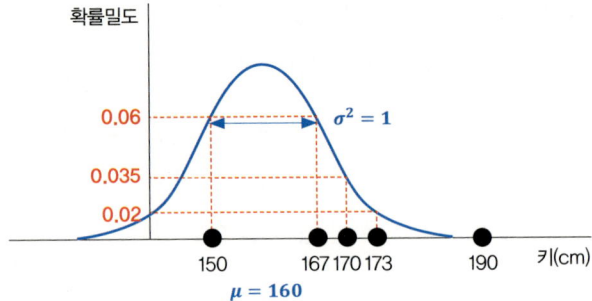

그림 2-12 분산=1, 평균=160일 때 우도 계산 과정

이때 전체 샘플에 대한 우도는 $0.06 \times 0.06 \times 0.035 \times 0.02 \times 0.0001$ =2.52e-10이다. 여기에서 데이터 포인트 190cm일 때는 0.0001이라고 대략적으로 잡았다. 마지막으로 평균을 170cm로 옮겨 보면 다음 그림과 같다.

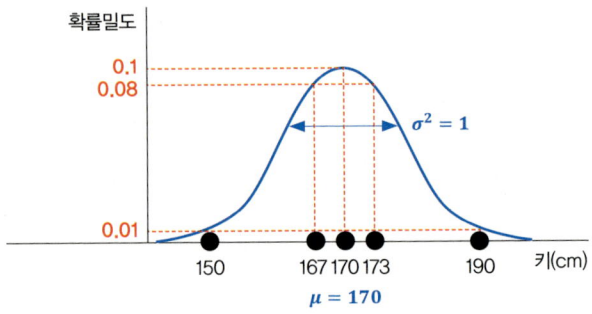

그림 2-13 분산=1, 평균=170일 때 우도 계산 과정

이때 전체 샘플에 대한 우도는 $0.01 \times 0.08 \times 0.1 \times 0.08 \times 0.01$=6.4e-8 이다. 상대적으로 가장 우도가 큰 경우가 평균이 170일 때다. 이 값은 수식에서 결론 내릴 샘플 평균과도 맞아떨어진다. 샘플 평균을 계산하면 (150+167+170+173+190)/5=170이다. 즉, 다음 그래프처럼 분산을

1로 고정한 상태에서 가장 우도 값이 높은 위치를 찾는 것이다. 그래서 170cm일 때 최대우도 값이 나오면 이 값이 첫 번째 파라미터 평균에 대한 최대우도추정치라고 보면 된다.

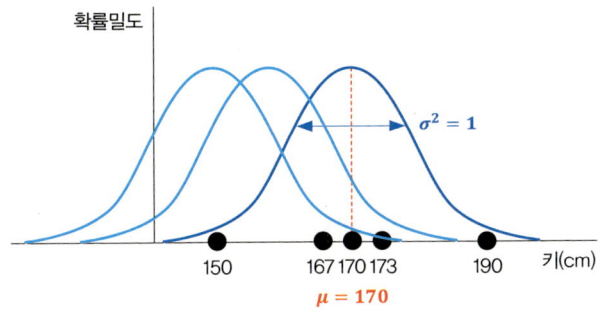

그림 2-14 분산=1일 때 평균에 대한 최대우도추정치를 구하는 과정

분산도 동일한 과정을 거칠 수 있는데, 직관만 보자면 다음 그래프처럼 분산 역시 여러 값으로 바꾸어 가면서 가장 우도 값이 큰 순간을 찾으면 된다. 다음과 같이 분산이 σ^2_2일 때 가장 큰 값이 나왔다면 최종적으로 이 값이 분산에 대한 최대우도추정치가 된다.

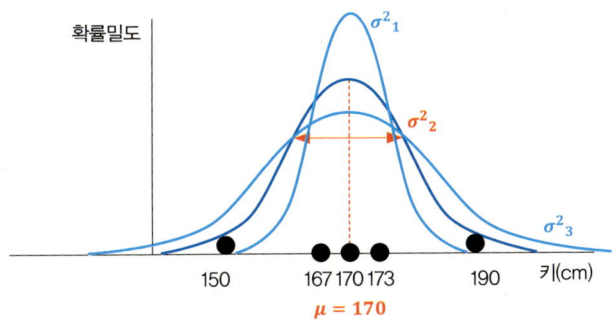

그림 2-15 평균=170일 때 분산에 대한 최대우도추정치를 구하는 과정

앞의 수식에서 구한 방법으로 분산에 대한 최대우도추정치를 계산하면 다음과 같이 163.6인 것을 알 수 있다.

$$\frac{1}{5}\sum_{i=1}^{5}(x_i - \mu)^2$$
$$= \frac{(150-170)^2 + (167-170)^2 + (170-170)^2 + (173-170)^2 + (190-170)^2}{5}$$
$$= 163.6$$

지금껏 그래프에서 볼 수 있듯이, 최대우도추정치를 찾는다는 것은 **결국 데이터가 내가 가정한 확률분포와 가장 잘 맞아떨어지는 지점을 찾는다는 것이다.** 즉, 해당 데이터가 특정한 확률분포에서 추출되었다고 가장 그럴듯한 시나리오를 알려 주는 것이다.

자, 이것으로 최대우도추정치에 대한 부분은 마무리하겠다. 맥락적으로 연결되는 부분이 있기에 마지막으로 간단하게 베이지안 관점에 대한 직관을 추가하고자 한다.

궁금증 31

사후확률을 최대화한다는 것의 직관적 의미는?(feat. 베이지안)

베이지안은 베이지안만 다룬 책을 내도 될 정도로 중요한 주제다. 복잡하게 만들려면 한도 끝도 없이 복잡해지는 내용이라 여기에서는 가장 핵심이 되는 직관만 간단히 소개하겠다.

결론만 이야기하면 다음과 같이 **사후확률은 사전확률과 우도의 곱에 비례한다**.

$$\text{사후확률} \propto \text{우도} \times \text{사전확률}$$

따라서 **사후확률을 최대화한다는 것은 우도와 사전확률을 곱한 것의 최댓값을 구한다는 의미다**. 우리가 관심 있는 것은 사후확률이 최대가 되는 파라미터를 찾는 것이다. 따라서 우도와 사전확률의 곱이 정확하게 사후확률을 의미하지는 않지만, 비례하는 관계다. 이 때문에 우도와 사전확률의 곱에 대한 최대화 문제를 풀면 결과적으로 사후확률의 최댓값을 찾는 것과 동일한 결과를 준다.

그리고 유념해야 할 부분은 여기에서 사전확률은 파라미터를 미지수로 하는 함수(f(파라미터))라는 것이다. 사전확률은 파라미터가 어떤 값이 될 것인가에 대해서 데이터를 아예 보지 않고, 지금까지 특정 분야나 상황에서 아는 지식을 바탕으로 특정한 파라미터 값이 될 가능성을 높여 준다고 보면 된다.

즉, 앞서 예제에서 정규분포를 결정하는 파라미터 중 하나는 키의 평균이다. 지금 다루고 있는 데이터가 A국가 여성 키라고 할 때, 지금까지 A국가 여성 키의 역사적인 데이터는 대충 150cm였다고 가정해 보자. 그런데 우리가 실제 가지고 있는 데이터는 현재 시점에서 A국가 여성 다섯 명의 키 데이터다. 그랬을 때 이 다섯 명의 키만으로 모집단의 평균 키를 정확히 잡아내는 것은 어려울 수 있다.

앞의 예제에서 보면, 샘플 평균이 170cm이기 때문에 평균에 대한 최대우도 추정치도 170cm가 된다. 하지만 지금까지 역사적으로 150cm가 평균이었는데, 갑자기 저렇게 커졌다고 선뜻 받아들이기 어려울 수 있다. 그래서 이전 데이터나 사전 지식들을 활용하여 추정치 값을 바꿀 수 있다. 이때 사전 지식이 파라미터에 대한 확률분포 정보가 되고, 이러한 사전 지식을 우도에 곱한 값을 기준으로 추정치를 계산하는 것이 최대사후확률 추정치다.

이를 그래프로 그려 보면 다음 그림과 같다. 여기에서 주의 깊게 봐야 할 점은 x축이 키가 아닌 키의 평균이 된다는 것이다. 즉, 파라미터가 되어야 한다. 여기에서 우도 평균이 170cm라고 되어 있는데, 기존 키를 x축으로 했을 때의 그래프와는 완전히 다르다. 일부러 우도의 그래프 형태를 앞의 그래프와 조금 다르게 그려 구분하려고 했는데, 여전히 형태를 보면 정규분포를 따른다. 그래서 많은 사람이 오해를 하는 것 같다.

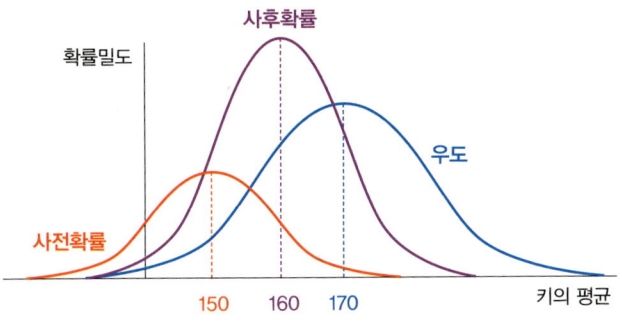

그림 2-16 평균의 최대사후확률 추정치 계산 과정

결론적으로 베이지안 통계로 최대사후확률 추정치는 160cm가 된다. 본래 최대우도추정치 170cm보다는 더 현실적인 값이 되는 것이다. 즉, 기존 150cm였다는 **사전 정보에 가까우면서도 지금 내가 가진 데이터의 특성도 반영한 결과인 것이다.**

여기에서 키의 평균이 정규분포를 따르는 이유를 좀 더 분석해 보자. 샘플 다섯 명 키의 우도를 살펴보면 다음과 같다. 이때 미지수를 평균(μ)으로 정하고, 데이터인 x는 다섯 명에 대한 정보이자 이미 알고 있는 값이다. 따라서 이것은 상수 값이라고 보면 된다. 분산 역시 상수라고 가정해 보자.

$$L_{샘플\ 전체}(\mu) = \prod_{i=1}^{5} \frac{1}{\sqrt{2\pi\sigma^2}} exp\left(-\frac{(x_i - \mu)^2}{2\sigma^2}\right)$$

그러면 본래 x를 미지수로 했을 때는 정규분포의 형태였는데, x가 아닌 μ를 미지수로 했다면 사실 $(x_i - \mu)^2$이었던 함수가 $(x_i - \mu)^2$으로 바뀐다. 결국에는 제곱이기 때문에 마이너스는 의미가 없어진다. 즉, $(-(\mu - x_i))^2 = $

$(\mu - x_i)^2$이 되므로, 결국 동일한 형태가 되어 정규분포를 따른다.[2] 하지만 분산을 기준으로 한다면 정규분포를 따르지 않는다. 그래서 분산은 다음 형태를 보인다.

$$L_{샘플\ 전체}(\sigma^2) = \prod_{i=1}^{5} \frac{1}{\sqrt{2\pi\sigma^2}} exp\left(-\frac{(x_i - \mu)^2}{2\sigma^2}\right)$$

이 그래프를 대략 그려 보면 다음 그림과 같다. 여기에서 분산이라는 파라미터에 대한 사전확률 역시 정규분포를 따르고 평균이 140이라면, 분산에 대한 사후확률 추정치도 바뀔 것이다.

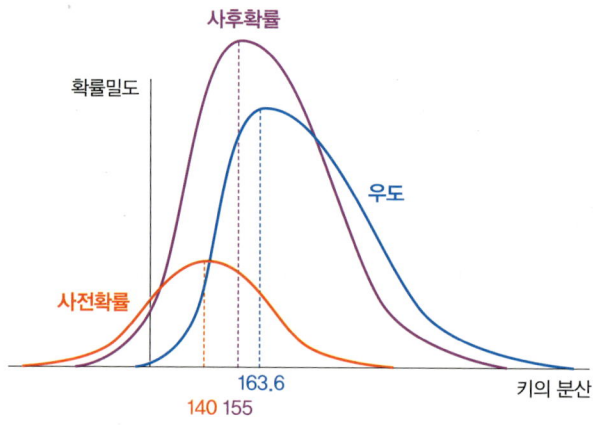

그림 2-17 분산의 최대사후확률 추정치 계산 과정

---

[2] 이 부분 이외의 값들은 복잡해 보이지만 결국 상수 값이라 정도에만 영향을 줄 뿐이지 주요 형태에는 영향을 주지 않아 설명을 생략했다.

이 그래프에서 보면 우도의 최대치는 기존 최대우도추정치인 163.6이지만, 사후확률을 고려했을 때 최대치는 155라는 것을 알 수 있다. 즉, 분산이라는 파라미터에 대한 사전확률이 평균이 140인 정규분포를 따르기 때문에 140이 될 것으로 예상한다. 여기에 샘플 다섯 개를 추가해서 결론을 내리면 본래 최대우도추정치보다 더욱 140에 가까운 155의 분산 추정치를 얻을 수 있다. A국가의 여성 키가 얼마나 퍼져 있는지는 역사적으로 분산이 140이라고 알려져 있었기에 이러한 사전 지식을 활용하여 그와 비슷하지만 현재 생성한 데이터도 반영한 결과를 내릴 수 있는 것이다. 이것이 베이지안의 큰 틀이다.

궁금증
32

샘플링 VS 리샘플링

샘플링과 리샘플링의 개념은 통계학을 이해하는 데 중요한 요소임에도 자세히 다루지 않을 때가 많다. 특히 리샘플링을 이해할 수 없어 그와 관련된 다양한 통계 용어 역시 이해할 수 없기도 한다. 여기에서는 샘플링과 리샘플링의 기본적인 개념과 몇 가지 예제를 알아본다.

우선 **샘플링**이라는 것은 우리가 실제로 다루고 있는 샘플 데이터를 생성하는 과정이다. 통계학 중에서도 추론 통계에서 샘플 데이터는 항상 어떤 확률분포를 따르는 모집단에서 추출되었다는 가정하에 모든 개념이 출발한다. 반면에 **리샘플링**은 샘플링으로 추출된 샘플 데이터를 확보했을 때, 기존 샘플 데이터만 사용하여 다시 한 번 다른 샘플 데이터를 생성하는 과정을 거친다.

그래서 개념도를 보면, 다음 그림과 같이 모집단에 어떤 사람들에 대한 정보가 들어 있다. 이 중 몇몇을 추출하는 샘플링 과정을 거쳐 샘플 데이터를 생성하고, 이렇게 추출된 샘플 데이터를 토대로 다시 리샘플링 과정을 거쳐 새로운 리샘플링된 데이터를 여러 개 생성할 수 있다. 샘플링으로 얻은 샘플 데이터로 기술 통계는 물론 추론 통계도 수행할 수 있다. 리샘플링된 데이터로 ① 추론 통계를 거쳐 얻어진 통계치에 대한 통계적인 특성을 얻을 수 있고 ② 불균형 데이터를 균형 있게 만들거나 ③ 해상도가 낮은 이미지 데이터의 해상도를 높일 수 있는 등 다양하게 활용할 수 있다.

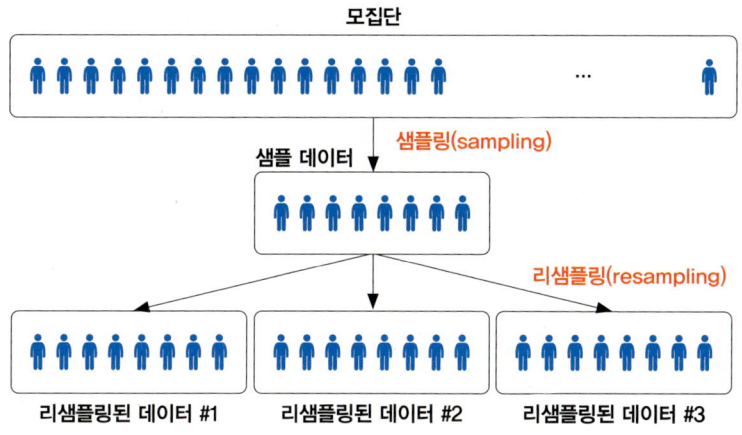

그림 2-18 샘플링과 리샘플링

그럼 지금부터 샘플링을 보다 자세하게 이야기 나누어 보자. 샘플링으로 얻은 샘플 데이터는 항상 어떤 확률분포를 따르는 모집단에서 추출되었다는 가정하에서 모든 개념이 출발한다고 했다. 그렇기 때문에 샘플 데이터는 모집단을 대표해야 한다. 가능하면 모집단의 대표성을 반영한 샘플을 추출하기 위해서 확률적인 요소를 고려한 확률 샘플링(probability sampling)을 사용하면 좋지만, 현실적으로 여건이 되지 못할 때도 있고 편의성을 고려하여 단순히 비확률 샘플링(non-probability sampling)을 쓰기도 한다.

즉, **확률 샘플링**은 모집단 내 모든 대상을 무작위로 추출 또는 특정한 규칙 내에서 선택하는 방법으로, 추출된 샘플들이 어떤 확률로 뽑혔는지 알 수 있다. 예를 들어 동전을 던져서 앞면이 나온 사람들만 샘플로 선택한다든지, 모집단의 모든 대상에게 번호를 매긴 뒤 해당 번호들에 대해서 균일 분포(uniform distribution)로 가정하고 난수를 생성하여 랜덤으로 선택된 번호들에 해당하는 대상들만 샘플로 선택하는 방식 등이다.

반면에 **비확률 샘플링**은 모집단의 대상들이 선택될 확률을 부과하지 않기 때문에 샘플들이 선택된 확률을 알 수 없고, 연구자의 주관적인 판단이 개입되는 경우가 많다. 그래서 모집단의 대표성을 보장하기 어려우며, 추론 통계의 신뢰성이 떨어질 수 있다. 그럼에도 연구자의 편의를 위해서 비확률 샘플링을 하며, 모집단의 모든 대상 정보를 얻기 어려워 사용 가능한 부분만 가지고 분석해야 하는 현실적인 이유로 사용할 때도 있다.

궁금증 33

확률 샘플링의 종류에는 주로 어떤 것들이 있나?

그러면 확률 샘플링의 종류 몇 가지를 살펴보자.

단순 랜덤 샘플링

가장 직관적으로 사용할 수 있는 방법은 **단순 랜덤 샘플링**(simple random sampling)이다. 말 그대로 단순하게 랜덤을 가정하고 샘플링하는 것으로, 앞서 잠깐 소개한 대로 모집단 정보를 얻을 수 있다는 가정하에 각각의 대상에 번호를 부여한다. 번호들을 바탕으로 난수를 생성하여 나온 숫자에 해당하는 대상들만 샘플로 선택하는 방법이다.

그림 2-19와 같이 무작위로 선택하기에 특정 대상에 치우치지 않고 골고루 샘플링한다. 여기에서 **난수는 균일 분포를 가정하여 추출하므로 모든 대상이 동등한 확률로 선택된다**는 특징이 있다.

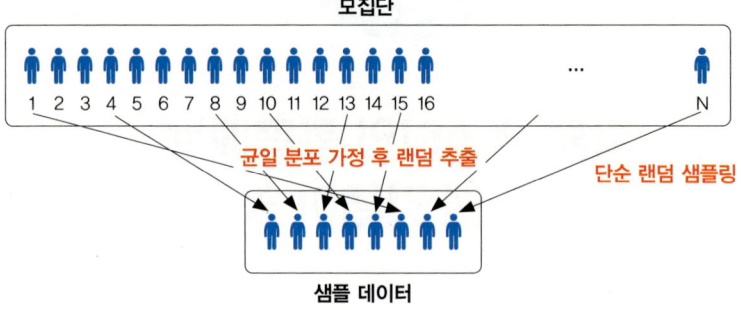

그림 2-19 단순 랜덤 샘플링

체계적 샘플링

다음으로 **체계적 샘플링**(systematic sampling)이 있다. 체계적 샘플링은 계통 샘플링이라고도 한다. 다음 그림과 같이 첫 번째 샘플은 단순 랜덤 샘플링과 동일한 방식으로 선택된다. 하지만 그 이후로는 k번째 간격으로 떨어진 대상을 자동으로 샘플로 선택하는 방법이다. 다음 그림 예시에서는 3만큼 차이가 있는 번호를 가진 대상을 샘플로 추출한 것이다.

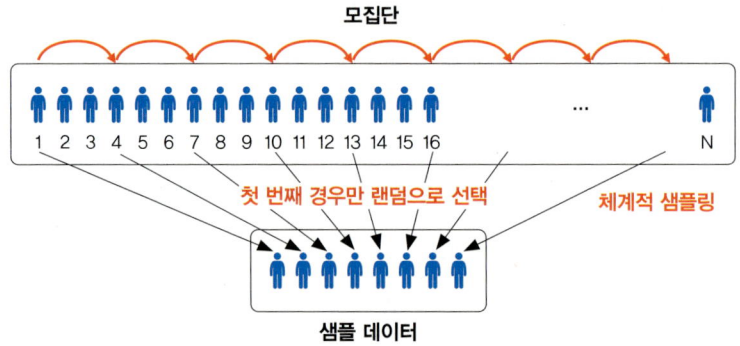

그림 2-20 체계적 샘플링

계층적 샘플링

다음으로는 **계층적 샘플링**(stratified sampling)이 있다. 층화 샘플링이라고도 하며, 이 방법의 핵심은 모집단 대상의 어떤 특징을 바탕으로 그룹을 생성하여 계층 구조를 만드는 것이다. 예를 들어 다음 그림과 같이 성별이라는 특징을 토대로 남성과 여성으로 구별한 그룹을 만든다. 이때 남성 그룹에서 몇 명, 여성 그룹에서 몇 명씩 선택하면 된다. 이때 남성과 여성을 선택하는 비율은 모집단에서 가지고 있던 비율대로 한다. 모집단에서 남녀 비율이 5:5였다면 샘플링할 때도 남성에서 50%, 여성에서 50% 비율로 선택한다. 그런 다음 그룹 내에서 샘플링할 때는 앞서 소개한 단순 랜덤 샘플링이나 체계적 샘플링을 사용해도 된다.

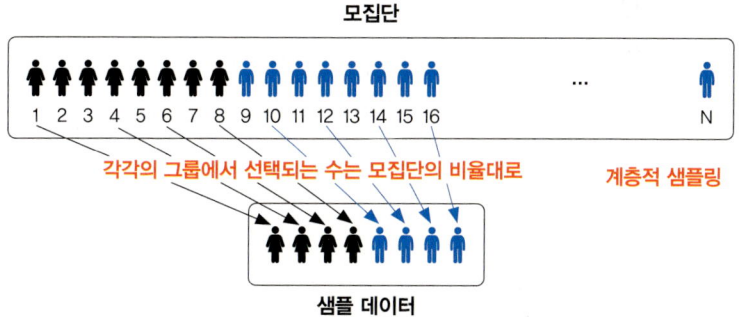

그림 2-21 계층적 샘플링

이외에도 군집 샘플링(cluster sampling), 다단계 샘플링(multistage sampling) 등 여러 종류의 확률 샘플링 방법이 있다. 이해하기에 아주 어려운 개념은 아니기에 이 책에서는 모든 방법을 소개하기보다는 앞의 예제를 보면서 확률 샘플링이라는 개념을 충분히 이해하고, 샘플링할 때 본인 데이터에 가장 적합한 샘플링 방법을 선택하길 기대한다.

궁금증 34

비확률 샘플링의 종류에는 주로 어떤 것들이 있나?

다음으로 비확률 샘플링도 간략하게 살펴보자. 주로 거론되는 비확률 샘플링 방법에는 편의 샘플링(convenience sampling), 판단 샘플링(purposive or judgement sampling), 눈덩이 샘플링(snowball sampling), 할당 샘플링(quota sampling), 연속 샘플링(consecutive sampling) 등이 있다. 이 중 이해를 돕고자 편의 샘플링, 판단 샘플링, 눈덩이 샘플링만 간단히 소개하겠다.

편의 샘플링

편의 샘플링은 그림 2-22와 같이 말 그대로 편의성으로 대상을 선택하는 방법으로, 연구자가 쉽게 접근할 수 있는 대상을 그냥 선택한다.

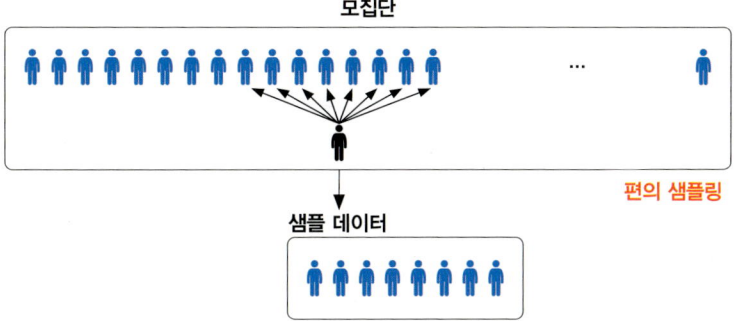

그림 2-22 편의 샘플링

예를 들어 길거리를 가면서 설문 조사를 진행하는데, 길거리에 다니는 사람 중 본인과 마주치는 사람 위주로만 선택하여 설문 조사를 실시하고 있다. 그렇기에 지역적으로 치우친 사람들만 선택할 수 있다. 즉, 이 방법을 사용하면 편의성은 뛰어나서 수행하는 데 어려움은 덜 하겠지만, 추출된 샘플들이 모집단을 대표하지 않을 가능성이 있다.

판단 샘플링

판단 샘플링은 조사 목적에 부합한다고 판단되는 대상을 해당 분야 전문가가 주관적으로 선택하는 방법이다. 즉, 그림 2-23과 같이 전문가가 주관적인 판단으로 샘플을 선택한다. 따라서 연구자의 주관적인 판단에 따라 편향이 발생할 수 있다 보니 모집단의 대표성을 객관적으로 평가하기란 쉽지 않다.

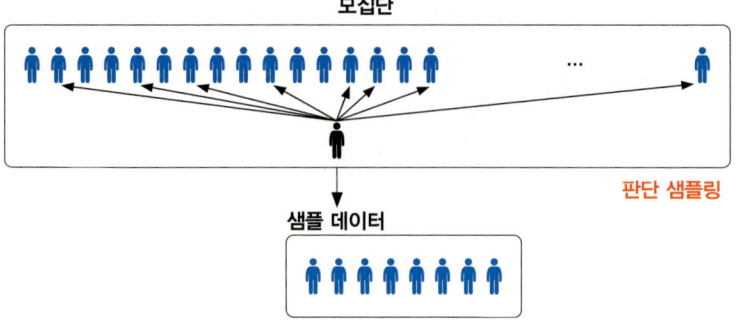

그림 2-23 판단 샘플링

예를 들어 특정한 희귀 질병을 연구할 때, 연구자들의 의학적인 지식과 경험을 토대로 연구 목적에 가장 적합한 증상이나 병력을 가진 환자들을 판단하여 샘플링을 진행하는 것이 될 수 있겠다.

눈덩이 샘플링

눈덩이 샘플링은 초기 응답자를 우선 선택하고 이후로는 초기 응답자가 추천한 다른 응답자를 선택하는 방법이다. 그림 2-24와 같이 특정 집단에 속한 사람들을 연구하는 데 사용한다. 특히 이 방법은 숨어 있는 네트워크 또는 추세를 찾아내는 데 유용하다. 즉, 전통적인 샘플링 방법으로는 접근하기 어려운 소외된 그룹을 연구할 때 특히 유용하다.

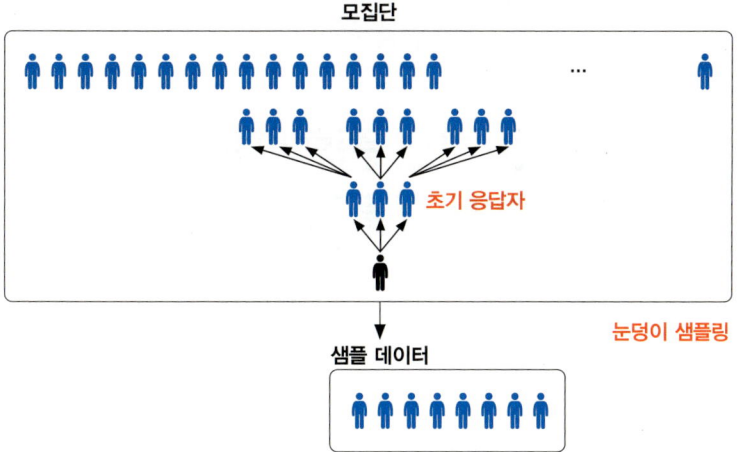

그림 2-24 눈덩이 샘플링

예를 들어 불법 활동에 연루된 사람들은 모집단을 찾아내는 것이 어렵기 때문에 몇몇 초기 응답자를 토대로 추천을 받아 관련된 응답자들 정보를 얻으면 숨어 있는 모집단을 발견하여 새로운 통찰력을 제공할 수 있다.

궁금증 35

리샘플링의 종류에는 주로 어떤 것들이 있나?

지금까지 모집단에서 샘플 데이터를 추출하는 방법인 샘플링을 알아보았다. 지금부터는 샘플 데이터를 다시 리샘플링하는 과정을 자세히 설명하겠다. 리샘플링 방법 중에는 업샘플링(upsampling), 다운샘플링(downsampling), 붓스트랩(bootstrap), 잭나이프(jackknife), 순열 검정(permutation test), k-겹 교차검증(k-fold cross validation) 등이 있다. 여기에서는 업샘플링과 다운샘플링, 대표적인 리샘플링 방법인 붓스트랩을 다룬다.

업샘플링과 다운샘플링

먼저 **업샘플링**은 기존에 가지고 있던 샘플 데이터를 무작위로 반복해서 추출하고, 결과적으로 기존 샘플 데이터보다 많은 샘플 데이터를 만드는 방법이다. 따라서 데이터 수를 증가시키기 때문에 '업(up)'이다. 반면에 **다운샘플링**은 이름에서도 알 수 있듯이, 업샘플링과 반대되는 개념으로 샘플링한 이후에 데이터 수가 기존에 보유한 샘플 데이터보다 감소되는 리샘플링 방법이다. 그림 2-25로 업샘플링과 다운샘플링의 핵심적인 차이를 확인해 보자.

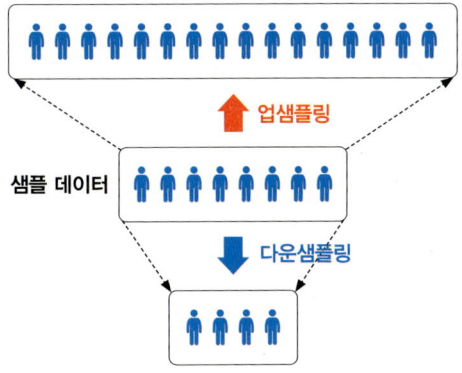

그림 2-25 업샘플링 및 다운샘플링(간단히)

업샘플링은 언제 해야 하는가? 다음 그림과 같이 보통 두 그룹의 데이터가 있을 때 **각 그룹의 샘플 데이터 수가 불균형한 경우 균형을 맞추려고 업샘플링을 한다.** 상대적으로 적은 수의 샘플을 가진 그룹에서는 반복적으로 추가 샘플링을 하면 샘플 데이터 수를 서로 맞출 수 있다. **같은 이유로 다운샘플링을 사용할 수도 있다.** 상대적으로 많은 수의 샘플을 가진 그룹에서는 랜덤으로 샘플을 제거하는 방식으로 다운샘플링을 수행한다.

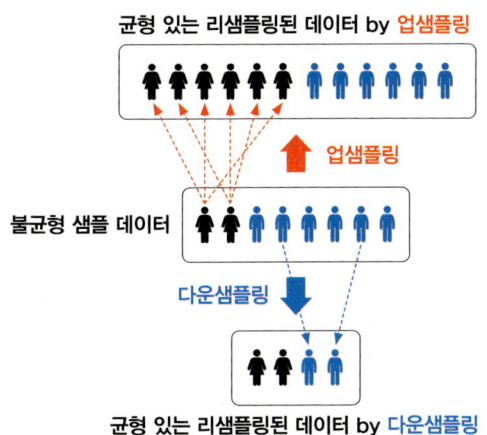

그림 2-26 업샘플링 및 다운샘플링(자세히)

또 반복을 허용하지 않더라도 비슷한 샘플을 추가로 생성하면서 샘플 수를 증가시킬 수 있다. 즉, 기존 샘플 데이터와 비슷한 '합성 데이터'를 생성하는 것이다. 예를 들어 다음 그림과 같이 키 데이터에서 어떤 여성 두 명의 키가 150cm와 160cm라고 하자. 그러면 이 두 사람 사이의 값을 보간(알려진 데이터 사이 빈틈에 새로운 값 삽입 또는 추정)하여 새로운 키를 가지는 여성을 남성 샘플 수와 동일한 숫자만큼 생성하면 된다.

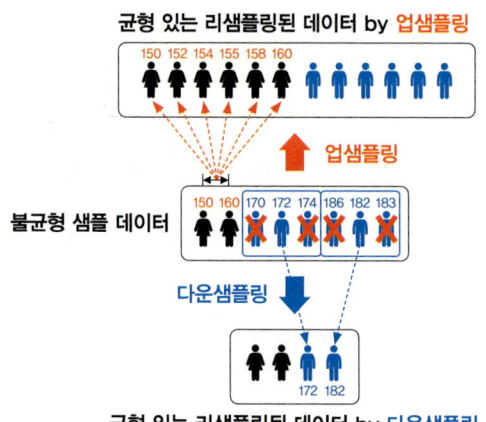

그림 2-27 업샘플링 및 다운샘플링 비교: 반복 허용 없이 합성 데이터를 생성하는 경우

물론 여기에서 여성 샘플에 대한 업샘플링을 보면 단순하게 두 명만 나타냈기 때문에 이 두 명의 정보로만 보간할 수밖에 없지만, 실제로는 이보다는 많은 수가 있을 테고 서로 비슷한 그룹들도 찾을 수 있을 것이다. 그래서 비슷한 그룹 내에서 보간하는 것이 보다 일반적이다. 구체적으로는 최근접 이웃(nearest neighbor), 선형 보간법(linear interpolation), 삼차 보간법(cubic interpolation) 같은 방법을 이용하여 비슷한 샘플을 생성할 수 있다.

이와 비슷한 방법으로 그림 2-27과 같이 다운샘플링에서도 샘플들의 특징을 이용하여 비슷한 그룹을 찾은 뒤 해당 그룹 내에서 랜덤으로 제거하여 결과적으로 남성의 샘플 수를 여성과 맞출 수 있다. 이렇게 제거하면 비슷한 사람끼리 있는 그룹 내에서 비슷한 사람을 제거하므로 정보 손실을 최소화할 수 있다.

하지만 **업샘플링과 다운샘플링은 과적합**(overfitting) **이슈(보유한 데이터에만 지나치게 적합하여 새로운 데이터에서는 성능이 잘 나오지 않는 것)에서 자유로울 수 없다.** 결국 업샘플링에서는 적은 수의 샘플 정보로 아무리 비슷한 합성 데이터를 생성한다고 하더라도 기존 적은 수의 샘플과 비슷한 데이터를 인위적으로 복제하는 것이므로 적은 수의 샘플 정보에 과적합될 가능성이 있기 때문이다. 다운샘플링 역시 다양한 정보를 보유한 샘플들이 일부 랜덤으로 제거되기 때문에 제거된 샘플에서 보편성을 잃을 수밖에 없다. 따라서 이러한 과적합 이슈가 있을 수 있다는 점을 잘 고려하여 업샘플링과 다운샘플링을 수행하고 그 결과를 해석해야 한다. 또는 불균형 데이터를 그대로 사용하여 모델을 학습한 뒤 성능 평가 지표를 불균형 데이터에 적합한 것으로 사용해도 된다. 이 부분은 '궁금증 59'에서 자세히 설명한다.

붓스트랩

붓스트랩은 그림 2-28에서 볼 수 있듯이 보유한 샘플 데이터 반복을 허용하여 복원 추출로 리샘플링하는 과정이다. 여기에서 앞서 소개한 업샘플링, 다운샘플링과 다른 점은 본래 샘플 데이터 수와 동일하게 리샘플링하는 것임을 기억하자.

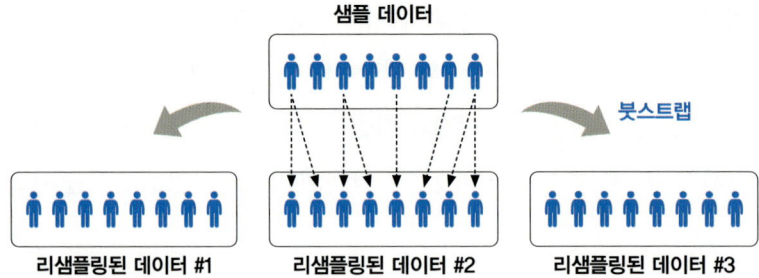

그림 2-28 부트스트랩

Chapter
3

가설 검정을 배우면서 드는 궁금증

궁금증 36

가설 검정 VS 최대우도추정 방법

가설 검정은 추론 통계의 큰 두 가지 뿌리 중 하나로 굉장히 중요한 주제로 봐야 한다. 머신러닝에서 자주 채용하는 최대우도추정치를 계산하는 방법과는 달리, 가설 검정은 머신러닝에서 잘 사용하지 않는 추론 방법이다. 그렇기 때문에 전통적인 통계학에서 주로 하는 추론 통계의 일종으로 봐야 한다.

가설 검정을 좀 더 큰 틀에서 생각해 보면, 최대우도를 계산하는 관점과 약간 반대되는 관점이라고 느낄 수 있다. 앞서 배운 최대우도추정은 보유한 샘플 데이터가 어떤 특정 확률분포에서 추출되었다 가정하고, 본인이 보유한 샘플 데이터가 얼마나 해당 확률분포에 잘 맞는지 우도를 통해 확인하면서 가장 데이터에 잘 맞는 확률분포를 찾아가는 과정이었다.

즉, 그림 3-1에서 보면 최대우도추정 기반으로 추론된 확률분포는 내가 보유한 샘플 데이터의 모집단이 따르는 분포라고 볼 수 있다. 즉, 이 확률분포에서 샘플링으로 추출된 데이터가 내가 보유한 샘플 데이터라는 관점이다. 따라서 **얼마나 샘플 데이터에 잘 맞는 확률분포를 찾는지가 관건이다.**

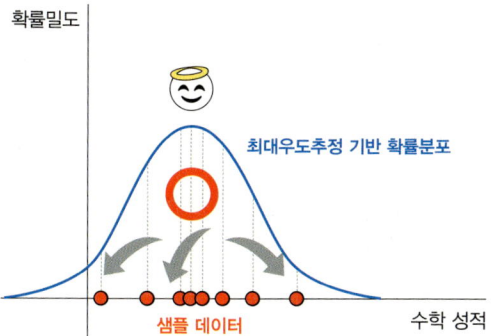

그림 3-1 최대우도추정 기반의 추론 방향성

반면에 **가설 검정**은 보유한 샘플 데이터가 어떤 특정 확률분포에서 추출되지 않았다는 것을 검정하는 과정이다. 따라서 그림 3-2와 같이 귀무가설이 주장하는 확률분포가 있을 때, (거칠게 말해서) 내가 보유한 샘플 데이터가 이 확률분포에서 추출되지 않았다고 검정하는 것이 바로 가설 검정이다.

여기에서 **엄밀하게는 샘플 데이터가 아닌 샘플 데이터의 통계량이라고 해야 한다.** 하지만 결국 샘플 데이터의 통계량도 샘플 데이터에서 계산되는 값이므로, 큰 틀에서 봤을 때 앞과 같이 샘플 데이터를 이야기해도 된다.

그림 3-2에서 A라는 간격은 샘플의 통계량과 귀무가설의 통계량 차이인데, 이 차이가 클수록 샘플 데이터가 귀무가설이 주장하는 확률분포를 따를 가능성은 떨어질 것이다. 이것을 확률적으로 설명하는 과정 속에 p-value라는 개념이 등장한다. p-value를 완벽하게 이해해야 가설 검정이 전반적으로 와닿기 때문에 '궁금증 38'을 참고하길 바란다.

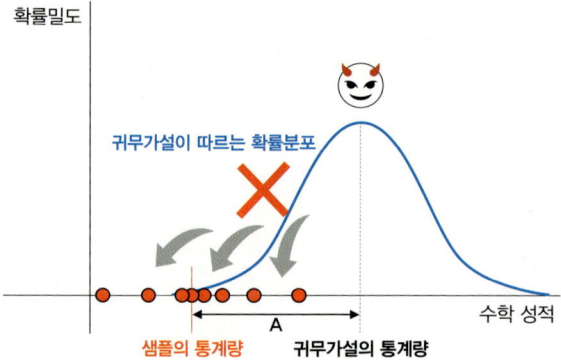

그림 3-2 가설 검정 기반의 추론 방향성

궁금증 37

귀무가설 VS 대립가설

우선 가설 검정이라는 이름에서 가설이 무엇인지부터 이해해 보자. 가설이라는 것은 어떤 현상이나 문제를 주장하는 것이다. 구체적으로 추론 통계에서 다루는 가설은 두 가지밖에 없다. 바로 **귀무가설**(null hypothesis)과 **대립가설**(alternative hypothesis)이다.

이 두 가설 중에서도 귀무가설을 설정하는 것이 중요하다. 앞서 설명했듯이, 가설 검정의 큰 틀은 내가 설정한 무언가를 아니라고 증명하는 관점이다. 여기에서 말하는 '무엇'이 귀무가설이다. 가설 검정에서는 **기본적으로 아니라는 것만 검증할 수 있기 때문에 우리가 궁금한 질문 성격을 파악하여 어떻게 하면 반대되는 주장을 깔끔하게 설정할 수 있을지 고민해야 한다.**

예를 들어 학생들에게 새롭게 개발된 학습법이 수학 성적 향상에 도움이 되었는지 검증한다고 하자. 이때 귀무가설은 어떻게 설정하면 좋을까? 먼저 새로운 학습법을 적용하지 않은 상태에서 학생들의 기존 수학 성적 정보가 있을 것이다. 여기에서 추가로 새로운 학습법을 적용한 뒤 학생들의 수학 성적 정보를 취합할 수 있다. 그러면 내가 보유한 데이터에는 새로운 학습법을 적용하기 전과 후 학생들의 수학 성적이 있게 된다.

전과 후 수학 성적에 차이가 있다면 새로운 학습법은 효과가 있다고 말할 수 있다. 그럼 통계에서는 '전과 후 수학 성적에 차이가 없다'고 가정하는 것이 귀무가설이 된다. 차이가 없다는 것은 전과 후 수학 성적의 평균 차이가 0이라고 가정하는 것이다. 실제로 평균 차이를 계산하면 정확히 0이 아닐 것이다. 이 차이가 0의 평균을 가진 어떤 확률분포를 따른다고 가정하고 실제 내가 보유한 데이터에서 계산한 평균 차이가 얼마나 0에서 멀리 있는지 정량화했을 때, 통계적으로 유의하게 멀리 있으면 평균이 0이 아니라고 결론을 내린다. 이때 정량화하는 방법이 보통 p-value를 계산하는 것이다.

이 예시에서 귀무가설의 반대인 대립가설은 '전과 후 수학 성적에 차이가 존재한다'가 된다. 즉, 분석자가 궁금한 질문에 대한 답이 되는 경우가 많다. 즉, 분석자가 결론 내리고 싶은 것은 새로운 학습법이 수학 성적 향상에 효과가 있는지 알고 싶은 것이기에 대립가설이 맞다고 검증하면 이를 알 수 있다. 그런데 가설 검정에서는 어떤 가설이 맞다고 검증하는 것이 아닌 어떤 가설이 틀렸다고 검증한다고 했다. 따라서 우리 방향은 **귀무가설이 틀렸다는 것을 검증하여 대립가설이 맞다고 하는 것이다.** 귀무가설을 만들고 이 귀무가설이 틀렸다고 말하는 것은 '귀무가설을 기각한다'는 의미다. 이렇게 귀무가설을 기각할 수 있다면 자동으로 귀무가설의 반대인 '대립가설을 채택한다'는 의미가 된다. 아주 엄밀히 말하자면, **귀무가설이 틀렸다는 것만 검정한 것이지 대립가설이 참임을 증명하는 것은 아니다.** 하지만 보통 그러할 가능성이 높기 때문에 우선 결론은 대립가설을 채택한다 하고, 이후 보다 구체적인 검정을 수행하여 더욱 정확한 결론을 내려야 한다.

궁금증 38

p-value라는 숫자가 실제로 의미하는 직관은?

자, 그러면 가설 검정에서 결론을 내리기 위해서 가장 중요한 값으로 p-value가 있다. 이 값은 보통 작으면 작을수록 좋다는 느낌으로만 알고 있는 경우도 있는데 왜 좋은지, 좋다는 것은 무엇을 의미하는지 자세히 살펴보자.

여기에서 좋다는 것은 **귀무가설을 기각할 수 있어서 좋다는 의미다.** 귀무가설을 기각하면 내가 주장하고자 하는 대립가설을 채택할 수 있기 때문이다. 그렇다면 왜 p-value 값은 작을수록 좋을까? 이것을 이해하고자 p-value 값은 어떤 식으로 계산되는지 자세히 살펴보고 그 의미를 파악하는 것이 필요하다. 이를 위해 p-value를 손으로 계산하는 방법을 알아보겠다. 손으로 계산하는 과정을 거치는 이유는 보통 p-value는 마법처럼 컴퓨터로 계산되고, 분석자들은 계산된 p-value를 바탕으로 해석만 하기 때문에 실제 의미 파악이 어려울 때가 많기 때문이다.

직접 계산해 보는 p-value

손으로 p-value를 계산해 보면서 p-value 개념을 자세히 이해해 보자. 직접 계산하기 위해서 적분을 사용하는 연속형 데이터가 아닌 이산형 데이터로 이야기해 보겠다. 이산형 데이터의 확률분포 중에서 이항분포를 기준으로 설명해 보자. 이항분포는 베르누이 시행을 여러 번 반복했을 때, 성공을 몇 번 했는지가 관심사가 되고, 성공 횟수가 확률변수로 x가 된다. 그리고 **이항분포를 기준으로 가설 검정을 할 때는 이항 검정**(binomial test)이라고 한다.

베르누이 분포는 '궁금증 23'에서 설명했듯이 0 아니면 1과 같은 단 두 가지 종류의 사건이 일어나는 상황에 대한 이야기다. 예를 들어 동전을 던져 나온 눈이 앞면인지 뒷면인지에 대한 정보를 데이터로 만들었다고 생각하면 된다. 따라서 이항분포는 n번 동전을 던졌을 때, 몇 번 앞면이 나왔는지에 대한 이야기다.

p-value를 계산하려면 우선 귀무가설이 무엇인지부터 알아야 한다. 예를 들어 카지노에서 동전을 제작했는데, 이 동전을 매우 균형 있게 만들어서 앞면이 나올 확률이 50%인지 아닌지가 궁금하다고 하자. 그러면 귀무가설은 '동전 앞면이 나올 확률이 0.5다'가 된다. 가설 검정에서는 확률분포의 모수가 어떤 특정한 값인지, 어떤 값보다 큰지 작은지를 판단할 수 있기 때문에 귀무가설에서 모수 값은 항상 어떤 값과 같다 또는 어떤 값보다 크다, 작다로 설정된다.

여기 카지노 동전 문제에서는 동전을 균형 있게 만들었는지 아닌지가 궁금하므로, 동전 앞면이 나올 확률(이항분포의 모수 p)이 0.5라고 귀무가설을 설정하고, 문제를 단순화하고자 동전을 총 열 번 던지는 것으로 가정하겠다. 이때 앞면이 총 여덟 번 나왔을 경우에 대한 p-value를 계산해 보자. 우선 이항분포에 대한 확률질량함수를 살펴보면 다음과 같다.[1]

$$P(x) = \frac{n!}{(n-x)!\,x!}(p)^x(1-p)^{n-x}$$

이러한 형태가 이항분포의 확률질량함수고, n은 동전을 총 몇 번 던지는지 나타낸 수다. p는 성공할 확률(여기에서는 앞면이 나올 확률)이 되고, 나머지 x는 확률변수이자 동전을 총 n번 던져서 나온 앞면 개수다.

그럼 예시로 다시 돌아가 보자. $n=10$, $p=0.5$인 확률질량함수는 다음과 같아진다.

$$P(x) = \frac{10!}{(10-x)!\,x!}\left(\frac{1}{2}\right)^{10}$$

이 확률질량함수를 토대로 확률을 x값 0에서 10까지 구해 표로 나타내면 표 3-1과 같다.

---

[1] 해당 수식이 어떻게 이렇게 되는지에 대한 부분은 확률론 영역이므로 이 책에서는 자세히 다루지 않는다. 확률론에 대한 보다 자세한 내용은 저자 블로그를 참고하길 바란다. https://blog.naver.com/sw4r

표 3-1 귀무가설을 따르는 이항분포의 확률변수에 따른 확률 값

확률변수 x	확률 P(x)
0	0.00098
1	0.00977
2	0.04395
3	0.11719
4	0.20508
5	0.24609
6	0.20508
7	0.11719
8	0.04395
9	0.00977
10	0.00098

그리고 그림으로 그려 보면 다음 그림과 같다.

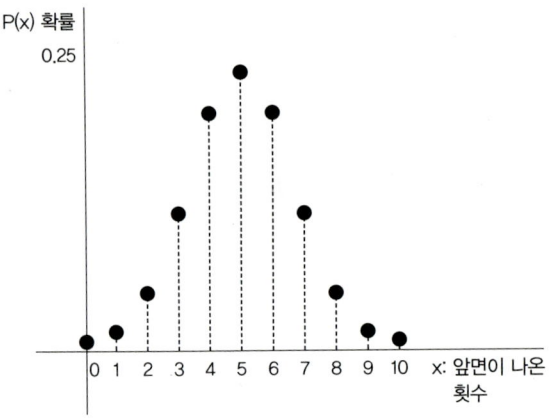

그림 3-3 귀무가설을 따르는 이항분포 그래프

즉, 귀무가설을 따르는 확률분포는 이러한 형태의 그래프가 된다. 여기에서 **실제 내가 보유한 데이터가 얼마나 맞지 않은지 살펴보면 된다.**

p-value는 내가 보유한 샘플 데이터에서 계산되는 값이다. 따라서 예시 데이터로 앞면이 열 번 중 여덟 번 나왔다고 했다. 이 동전이 과연 앞면이 나올 확률이 절반인지 아닌지를 확인하는 검정을 p-value로 계산해 보겠다. 가설 검정에서 우리가 관심 있는 것은 내가 가진 데이터의 통계량(이 예제에서는 앞면이 나온 횟수)이 귀무가설과 얼마나 맞지 않은지 측정하는 것이다. 이를 측정하기 위해서 p-value는 적어도 내가 가진 데이터의 통계량만큼 또는 그보다 더 극단적인 값을 가질 확률을 계산한다. 즉, **내가 가진 데이터를 포함하여 이보다 더욱 극단적인 값을 가질 확률이다.**

우리 예시에서는 앞면이 여덟 번 나온 통계량이 있기 때문에 앞면이 나올 확률이 절반이라면, 열 번 중 평균적으로 다섯 번은 앞면이 나올 것이다. 그렇기에 여덟 번이 나오는 상황보다 극단적인 상황은 아홉 번, 열 번이 된다. 반대로 한 번, 두 번, 세 번이 나오는 상황 역시 다섯 번을 기준으로 하여 여덟 번만큼 극단적인 상황이 된다. 따라서 다음 그림과 같이 한 번, 두 번, 세 번, 여덟 번, 아홉 번, 열 번에 대한 확률을 모두 합치면 0.1094가 된다. 바로 이 값이 여덟 번 앞면이 나온 데이터에 대한 p-value가 된다.

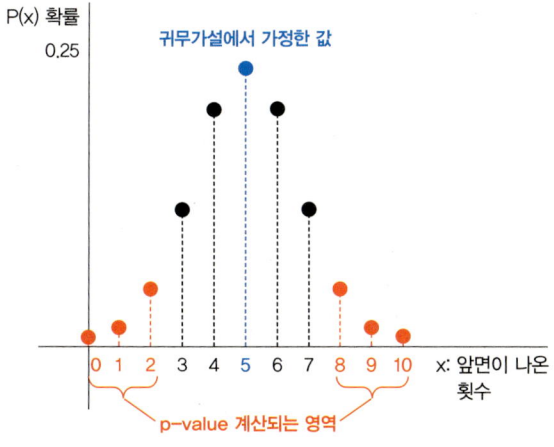

그림 3-4 양측 검정을 할 때 p-value를 계산하는 영역

그런데 여기에서 보면, 귀무가설에 해당하는 통계량(귀무가설에서 가정한 평균)은 5다. 따라서 5가 아니면 되므로 이와 멀어진 양쪽 방향을 모두 고려하여 검정을 수행했는데, 이것을 **양측 검정**(two-tailed test)이라고 한다. 반면에 절반 이하인지 아닌지가 궁금하면, 귀무가설은 절반 이하인 $p <= 0.5$가 된다. 따라서 5보다 작거나 같은 상황이 되는데, 이것에 대해서 통계량 여덟 번만큼 극단적인 값은 여덟 번, 아홉 번, 열 번이 된다. 즉, 다음 그림과 같이 한쪽 방향만 고려하여 p-value를 계산하면 된다. 이때 p-value는 0.0547이 된다. 이렇게 한쪽만 검정하는 것을 **단측 검정**(one-tailed test)이라고 한다. 여기 두 p-value들은 0.05(주로 사용하는 유의수준)보다 높은 p-value를 가지므로 귀무가설을 둘 다 기각할 수 없다. 따라서 여덟 번 앞면이 등장했다는 이유로 해당 동전이 앞면에 나올 확률이 절반이 아니라고 말할 수는 없는 것이다.

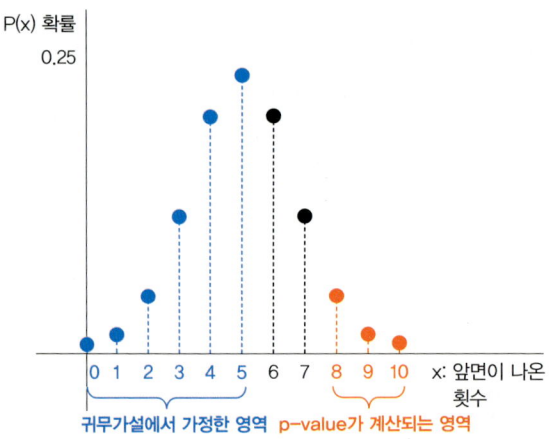

그림 3-5 단측 검정을 할 때 p-value를 계산하는 영역

여기에서 구한 두 가지 p-value를 비교해 봐도 알 수 있듯이, 양측 검정보다는 단측 검정을 했을 때 p-value는 더욱 작아진다. 그래서 **귀무가설을 기각할 가능성은 더욱 높아진다**. 단측 검정을 할 때는 알아내고자 하는 문제의 방향성이 분명할 때만 사용하되, 분석자가 예상치 못한 반대 상황이 발생할 수 있다는 점을 염두에 두어야 한다. 즉, A라는 기존 약이 있는데, 신약 B를 만들었다고 하자. 이때 기존 약 A보다 신약 B의 효과가 더욱 뛰어난지 궁금하다면 단측 검정을 하면 된다.

자, 다시 예제로 돌아가 보면 결국 두 검정 모두 귀무가설을 기각할 수 없었다. 아홉 번 앞면이 나왔다면 양측 검정 결과 p-value는 0.0215가 되어 0.05보다 작은 값이 된다. 그리하여 귀무가설을 기각하게 되면서 결국 앞면이 나올 확률이 절반이 아니라고 통계적으로 유의미하게 이야기할 수 있는 것이다.

정리하면 p-value는 내가 가진 데이터가 귀무가설에서 가정하는 확률분포에서 얼마나 등장할 수 있는지에 대한 척도라고 이해할 수 있다. 구체적으로 **귀무가설이 따르는 확률분포에서 내가 가진 데이터를 포함하여 이보다 더욱 극단적인 값들이 발생할 가능성이다**. 이 가능성이 적다는 것은 내가 가진 데이터가 귀무가설을 따르지 않을 것이라고 추론할 수 있다는 의미다. 하지만 p-value가 아주 크다는 의미는 귀무가설을 따르는 확률분포에서 내가 가진 데이터가 높은 확률로 등장하므로, 귀무가설을 따르지 않는다고 하기 어려워진다. **이러한 확률이 낮을수록 내가 가진 데이터는 귀무가설에서 멀다는 것을 의미하고, 그렇다는 것은 귀무가설을 따르지 않는다고 결론을 내릴 수 있다**. 즉, p-value가 작을수록 좋다는 것은 p-value가 작을수록 귀무가설을 기각할 가능성이 높아지고, 귀무가설을 기각하면 주장하고자 하는 대립가설에 더 힘이 실리기 때문에 좋다는 의미다.

가설 검정에서 가장 중요한 것은 귀무가설을 어떻게 설정했는지이며, 어떤 확률분포가 귀무가설에서 가정되는지 반드시 확인해야 한다. 이것만 하면 해당 분포에서 내가 가진 데이터의 p-value를 연속형 데이터에서는 컴퓨터 내에서 적분을 이용하여 계산해 줄 것이고, 이산형 데이터는 앞서 계산한 방식으로 셈하여 줄 것이다. 다음으로는 가설 검정의 몇 가지 종류를 알아보겠다.

궁금증 39

일표본 t-검정이란

일표본(하나의 샘플)(one sample)이라는 의미는 샘플이 단 하나만 있다는 것이 아니라, 한 종류의 변수에 대한 샘플이 여러 개 있는 상황이다. 어떻게 보면 당연할 수 있겠지만, 처음 용어를 접한 사람은 의외로 이러한 착각에 빠질 수 있기 때문에 정확하게 짚고 넘어갔다. 예를 들어 A학급 학생들의 키를 변수로 지정했다면 이러한 A학급 모든 학생의 키라는 정보는 모두 일표본에 해당한다.

예를 들어 1반이라는 그룹에서 키라는 값(출력 변수)을 측정한 데이터가 있다고 할 때, 1반의 평균 키가 170cm인지 궁금하다고 하자. 이때 할 수 있는 검정이 바로 일표본 t-검정이다.

일표본 t-검정에서 가설을 세팅하는 방법

앞의 1반 학생들 키의 평균이 170인지 아닌지를 판단하는 예시에서 귀무가설을 생각해 보면, '1반 학생들 키의 평균이 170cm다'고 설정할 수 있다. 보통 특정한 값을 가지는지 아닌지를 판단할 때는 귀무가설이 특정한 값을 가지는 것을 취한다. 그러면 대립가설은 당연히 그와 반대인 '1반 학생들 키의 평균은 170cm가 아니다'가 된다. 여기에서는 1반 학생들의 키가 170cm보다 큰지 작은지보다는 170cm인지 아닌지에 더 관심이 있기 때문에 양측 검정을 한다고 봐야 한다.

일표본 t-검정에서 단측 검정 예제를 만들어 본다면 1반 학생들의 키가 170cm 이상인지 아닌지에 관심이 있는 경우가 된다. 그렇다면 귀무가설은 '1반 학생들의 키가 170cm 미만이다'가 귀무가설이 될 수 있고, 대립가설은 '1반 학생들의 키가 170cm 이상이다'가 된다. 즉, **일표본 t-검정은 내가 보유한 샘플 데이터가 특정한 숫자와 비교하여 가설 검정을 수행하는 검정 방법이다.**

궁금증 40

이표본 t-검정이란

반면에 대상이 되는 그룹 수가 두 개라면 **이표본 t-검정**이다. 이때는 두 그룹이 등장한다. 예를 들어 그림 3-6과 같이 1반과 2반의 평균 키를 비교하는 것이다.

그룹 간 평균 비교하기

그룹(group)은 군, 집단이라고도 하며, 특징(feature)이 동일한 개체의 집합이다. 여기에서 특징은 본래 입력 변수에서 차원에 해당하는 것으로, 입력 변수의 여러 가지 특징적인 요소를 설명하기 때문에 특징이라고 표현할 수 있다.

이러한 특징(또는 입력 변수)은 '궁금증 52'에서 알 수 있듯이, 여러 가지 형태로 존재할 수 있다. 그중에서 **그룹 간 비교할 때는 정성적 또는 범주형 유형만 고려하면 된다**. 예를 들어 다음 그림과 같이 한 학교에 다니는 학생들의 영어 성적이나 수학 성적 같은 정량적인 값들을 특징으로 사용하면, 특정한 값을 동일하게 가지는 학생들을 모으기가 어렵거나 불가능한 경우도 있기 때문이다.

		1번 특징	2번 특징	3번 특징	4번 특징
		성별	학급 번호	영어 성적	수학 성적
1번 샘플	A학생	남성	1반	64	95
2번 샘플	B학생	여성	2반	87	82
3번 샘플	C학생	여성	1반	56	70
4번 샘플	D학생	남성	2반	94	80

특징 수 = 차원 → 4차원 데이터, p = 4
샘플 크기 ↓ n = 4

그림 3-6 입력 변수 예시

그럼에도 연속적인 특징을 그룹화하고자 한다면, **연속적인 값들의 범위를 나누어서 범주형 데이터로 바꾸어 주면 된다.** 예를 들어 앞의 예시에서 영어 성적이 0~70점이면 '하', 70~90점이면 '중', 90~100점이면 '상' 이렇게 범주형으로 바꾸면 그룹화가 가능하다. **그룹 간에 평균을 비교하는 출력 변수는 다음 그림과 같이 입력 변수와 반대로 정량적 또는 수치적 변수를 사용한다.**

정량적 또는 수치형 변수

	IQ
A학생	116
B학생	108
C학생	120
D학생	100

그림 3-7 출력 변수 예시

학급 번호를 기준으로 그룹화하여 학급별 IQ를 비교하려고 데이터를 세팅해 보자. 학급 번호 1반에 속한 학생들의 IQ와 학급 번호 2반에 속한 학생들의 IQ를 따로 구분하여 두 그룹으로 나눈 뒤 두 그룹 사이의 평균을 서로 비교하는 것이다.

대상 그룹 수: 두 개

학급 번호
1반

	IQ
A학생	116
C학생	120

VS

학급 번호
2반

	IQ
B학생	108
D학생	100

그림 3-8 이표본 t-검정

이와 같이 학급 번호로 그룹화하고, 1반과 2반 사이에는 어떤 상관성도 없다고 가정하면 독립적인 그룹이 두 개 만들어진다. 이렇게 서로 독립인 두 그룹 간에 IQ 평균을 비교하는 것을 **이표본 t-검정**(two-sample t-test)이라고 한다. 이제 그룹 간에 평균을 비교하는 것의 의미를 파악했다면 '궁금증 41'에서 소개하는 세 가지 분석의 차이점을 알아보자.

일표본 t-검정 VS 이표본 t-검정 VS 분산 분석

다음 그림에서 가장 큰 차이점을 명확하게 표현했다.

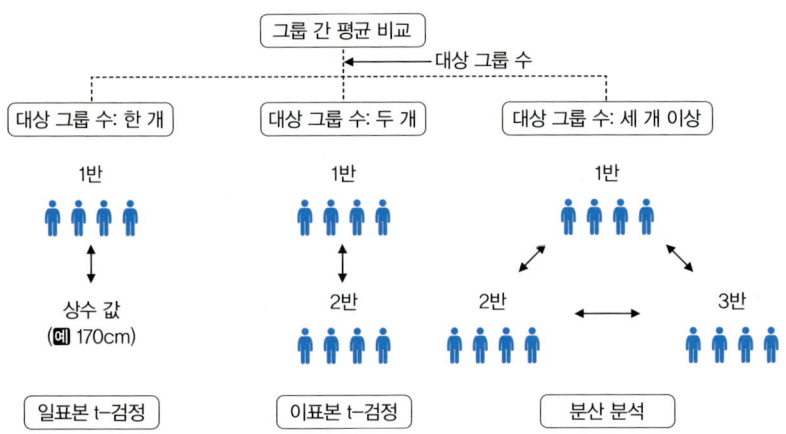

그림 3-9 일표본 t-검정 VS 이표본 t-검정 VS 분산 분석 개념 비교

일표본 t-검정과 이표본 t-검정, 분산 분석(ANalysis Of VAriance, ANOVA)을 구분하는 기준이 되는 것은 대상 그룹의 수다. 대상 그룹의 수가 한 개면 일표본 t-검정이고, 두 개면 이표본 t-검정이며, 세 개 이상이면 분산 분석이라고 한다.

궁금증 42

짝의 t-검정은 어디에 속하는가?

짝의 t-검정(paired t-test)은 이표본 t-검정과 비슷하다. 단 이표본 t-검정에서는 그림 3-10과 같이 두 집단의 샘플이 **서로 독립이라고 가정하는 반면, 짝의 t-검정에서는 서로 독립이 아닌 두 집단 사이를 비교한다.** 예를 들어 한 사람의 왼쪽 눈에는 안약을 넣었고, 오른쪽 눈에는 안약을 넣지 않았다. 시간이 지난 뒤 시력을 비교하면, 아무리 안약을 넣었다는 것과 넣지 않았다는 것이 다르다고는 해도 결국 동일한 한 사람에게서 나온 데이터이기 때문에 독립되지 않는다. 특정 사람의 본래 타고난 시력이라든지 분명 서로의 결과에 공통으로 영향을 주는 요소가 있기 때문에 독립이라고 볼 수 없다.

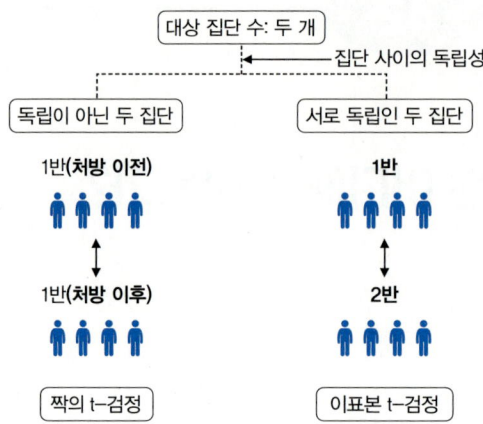

그림 3-10 짝의 t-검정 VS 이표본 t-검정 개념 비교

Chapter

4

회귀 분석을 배우면서 드는 궁금증

선형 모델을 학습한다는 것은?

회귀 분석은 입력 변수(또는 독립 변수: x)와 출력 변수(또는 종속 변수: y) 사이의 관계를 함수를 사용하여 모델링하는 통계 기법이다. 다음 수식과 같이 변수 사이의 관계는 임의의 함수(f)로 모델링되며, 이들 관계가 선형일 때 선형 모델이라고 한다. 여기에서 ε은 오차로 모델이 완벽하게 선형은 아니고, 약간의 오차를 포함하여 흩어져 있다고 가정한다.

$$y = f(x) + \varepsilon$$

이렇게 선형 모델을 학습하고 분석하는 것을 **선형회귀 분석**(linear regression)이라고 한다. 선형회귀 분석을 수행하려면 반드시 두 개 이상의 연속 변수, 즉 두 종류의 정량적인 데이터가 필요하다.

최소제곱법 의미

선형회귀 분석에서 선형 모델을 학습한다는 것은 결국에는 선형 모델을 구성하는 파라미터를 학습한다는 것이다. 즉, 두 가지 종류의 변수가 있을 때

이 변수 사이의 관계를 선형 모델('직선' 형태)로 학습해야 하므로, 학습해야 할 파라미터는 직선의 절편과 기울기로 이루어진다. **이러한 파라미터는 최소제곱법으로 학습된다.** 최소제곱법 의미를 앞으로 시각적, 용어적, 수식적 의미로 나누어 자세히 알아보겠다.

시각적 의미

다음 그래프에서 x축은 두 변수(x, y)에서 $x \rightarrow y$의 관계에 관심이 있을 때, x에 해당하는 입력 변수고 y축은 이 두 변수 중 y에 해당하는 출력 변수다. 이때 잔차는 입력 변수 x에 대응되는 출력 변수 y값(관측 값)에서 입력 변수 x를 선형 모델에 넣었을 때 적합한 값($\hat{y}$)을 뺀 값이다($y - \hat{y}$). 다음 그래프처럼 샘플이 총 세 개 있다면 이들 모두에 대해 **잔차를 각각 제곱한 뒤 이들을 모두 합한다.** 이렇게 합한 값이 최소가 되는 직선을 찾는 것이 최소제곱법이다.

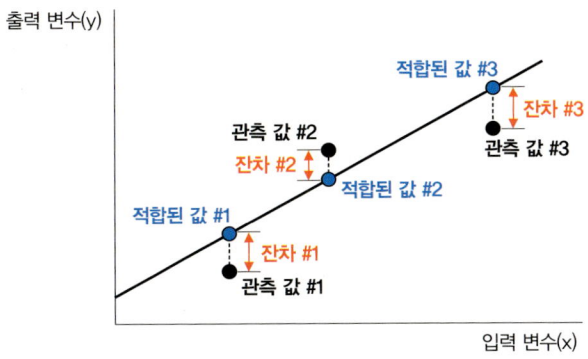

그림 4-1 잔차

즉, 직선을 여러 번 그었을 때 전체 샘플 데이터에 대해서 잔차가 가장 작은 직선을 학습한다고 볼 수 있다. 다음 그림에서 직선 세 개 중 굵게 표시된 ②번이 최소제곱법으로 학습된 직선이 될 가능성이 가장 높다.

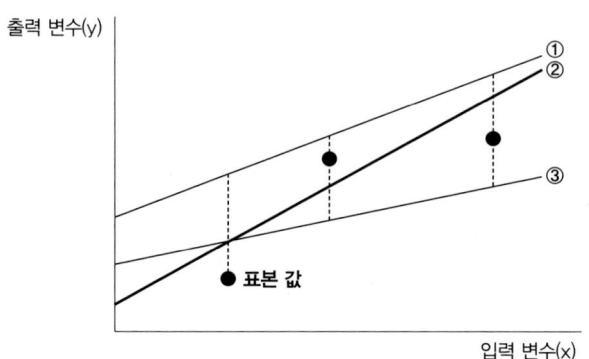

그림 4-2 최소제곱법으로 학습될 가능성이 높은 직선

방금 설명에서 등장한 용어 의미를 더욱 자세히 살펴보겠다.

용어적 의미

최소제곱법(Method of Least Squares) 의미를 하나하나 따져 보자. '최소'는 '뭔가 가장 작다는 것'을 의미한다고 볼 수 있고, '제곱'이라는 표현에서는 "뭔가를 제곱하는구나!"라고 추측할 수 있다. 마지막으로 '법'은 방법론의 일종이란 의미다. 그렇다면 단순히 용어만 봐도 '뭔가를 제곱해서 이것의 최솟값을 찾는 방법론'이라고 추측할 수 있을 것이다. 이것을 간단하게 정리하면 다음과 같다.

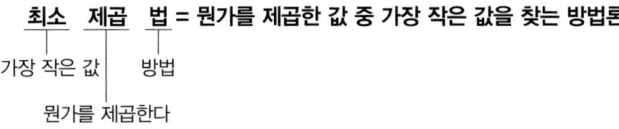

그러면 여기에서 제곱을 시키는 대상은 무엇일까? 바로 잔차(residual)다. 그럼 잔차는 무엇인가? 앞서 시각적으로 살펴보았듯이, 잔차라는 것은 관측값(observed value)(y)에서 적합한 값(fitted value)($\hat{y}$)을 뺀 값이다. 이것을 수식으로 간단히 표현하면 다음과 같다.

$$r(잔차) = y(관측\ 값) - \hat{y}(적합한\ 값)$$

그런데 제곱 대상이 되는 것은 모든 샘플 데이터가 된다. 즉, 모든 샘플 데이터의 잔차를 각각 제곱하여 이것들을 모두 합친 값이 최소가 되는 직선을 찾는 것이다. 이를 수식으로 자세히 살펴보자.

수식적 의미

다음과 같은 수식이 최소제곱법으로 추정한 파라미터다.

$$argmin \sum_{i=1}^{n} r^2$$

*argmin*은 *argmin* 뒤에 있는 값이 최소가 되었을 때의 미지수 값이 된다. 이 수식에서는 단순하게 잔차의 제곱 합이 최소가 되었을 때 파라미터가 선형 모델의 학습된 파라미터라는 것을 표현하려고 많은 세부 사항을 생략했다. 이러한 세부 사항을 하나씩 살펴보자. 먼저 *argmin*과 비슷한 함수로 *min* 함수가 있는데, 이 함수는 최솟값을 구한 뒤 그 값 자체를 의미한다.

예를 들어 다음 수식을 해석하면 x에 1을 넣었을 때 $(x-1)^2=0$이라는 최솟값을 가진다. 따라서 min 함수 결과는 x에 1을 넣었을 때 값인 0이 되고, argmin 함수 결과는 최솟값이 나오기 위해서 x에 넣어 주는 값($x=1$)인 1이 된다.

$$\min_{x}(x-1)^2 = 0$$

$$\mathrm{argmin}_{x}(x-1)^2 = 1$$

또 해당 파라미터는 argmin 아래에 반드시 표기해야 한다. 하지만 간혹 파라미터가 너무 명백하게 보일 때는 생략하기도 한다. 이러한 사항들을 반영하면 앞의 수식은 다음과 같이 된다.

$$\text{추정하고자 하는 파라미터} = \mathrm{argmin}_{\text{파라미터}} \sum_{i=1}^{n} r_i^2$$

하지만 이것 또한 완전하지는 않다. 파라미터라고 된 부분의 파라미터가 무엇인지 앞의 수식만으로는 확인하기 어렵기 때문이다. 이때는 $\sum$ 뒤에 있는 값을 좀 더 구체화해야 한다. r_i는 이전에 잔차라고 설명했고, 이는 r(잔차) = y(관측 값) $- \hat{y}$(적합 값)이다. 여기에 **샘플 각각을 지칭하는 인덱스 i만 추가해서 표기하면 된다.** 즉, 앞의 수식은 다음과 같이 바뀔 수 있다.

$$\text{추정하고자 하는 파라미터} = \mathrm{argmin}_{\text{파라미터}} \sum_{i=1}^{n} \left(y_i(i\text{번째 관측 값}) - \hat{y}_i(i\text{번째 적합한 값}) \right)^2$$

하지만 여전히 파라미터는 등장하지 않았다. 이제 i번째 적합한 값을 분해해 보자. 이것은 선형 모델을 통해서 적합한 값이므로 다음과 같이 된다. 결국 1차 함수($y=ax+b$)와 같은 형태다.

$$\hat{y}_i\left(i\text{번째 적합한 값}\right) = a\left(\text{회귀계수}\right) \times x_i\left(i\text{번째 입력 변수}\right) + b(\text{절편})$$

이러한 적합한 값에 대한 수식을 이전 수식에 대입하면 최종적으로 최소제곱법으로 추정한 파라미터는 다음과 같다.

$$\underset{a,b}{argmin} \sum_{i=1}^{n} \left(y_i(i\text{번째 관측 값}) - \left(a\left(\text{회귀계수}\right) \times x_i\left(i\text{번째 입력 변수}\right) + b\left(\text{절편}\right) \right) \right)^2$$

회귀계수(a)와 절편(b)은 우리가 모르는 파라미터 값들이고, 나머지 관측 값과 입력 변수는 우리가 보유한 샘플 데이터의 값들이니 아는 값이다. 이러한 아는 값들을 사용하여 모르는 파라미터를 최소화 또는 최대화 과정을 거쳐 추정하는 것을 최적화 방법이라고 한다. 이러한 방법은 머신러닝 또는 통계적 학습에서 파라미터를 추정할 때 사용한다. 결국 선형 모델에서 학습한다는 것은 데이터 잔차의 제곱 합이 가장 작은 직선을 찾는 것이고, 구체적으로는 직선의 기울기와 절편을 구하는 것이다. 여기에서는 최소제곱법 위주로 선형 모델을 학습하는 방법을 설명했지만, '궁금증 29'에서 배운 최대우도추정치를 사용할 수도 있다. '궁금증 45'에서 각 방법으로 구한 결과를 비교해 볼 것이다.

궁금증 44

관측 값(y) VS 적합한 값($\hat{y}$)

관측 값(y)

관측 값은 모집단이나 샘플 데이터의 개별 값을 의미하는데, 보통은 샘플 데이터의 개별 값을 의미할 때가 많다. 또 개별 값이라는 것은 데이터 하나를 의미하는데, 이것은 기본적으로는 입력 변수나 출력 변수 둘 다 의미할 수 있다. 앞서 잔차를 설명하는 부분에서 관측 값은 샘플 데이터 개별 값의 출력 변수를 의미했다. 이후 오차를 설명하는 부분에서는 모집단 개별 값의 출력 변수를 의미한다.

적합한 값($\hat{y}$)

적합한 값은 통계적인 모델(예 선형 모델)의 입력 변수에 어떤 값을 넣었을 때 계산되는 값이다. 이상적으로는 관측 값(y)과 정확히 같다면 좋겠지만, 실제로는 이 두 값 사이에는 오류가 있어 적합한 값은 관측 값과 차이가 날 확률이 높다. 즉, 분석자가 궁금한 입력 변수의 어떤 값을 모델(함수)에 넣었을 때 계산되는 출력 변수 값이 적합한 값이다.

궁금증 45

선형 모델에서 최대우도추정치 VS 최소제곱법

결론부터 이야기하자면, **선형 모델에서 최대우도추정치와 최소제곱법의 결과는 동일하다**. 우선 선형 모델의 최대우도추정치를 유도해 보자. 최대우도추정치를 구하려면 먼저 원하는 모델에 대한 우도를 만드는 것부터 해야 한다. 여기에서 우도라는 것은 결국에는 형태가 확률밀도함수와 같다는 것을 '궁금증 23'에서 다루었다. 선형 모델에서 확률밀도함수를 어떻게 가져올까? 이 부분은 다음 선형 모델에 대한 수식을 토대로 생각하면 된다.

$$y = ax + b$$

다음과 같이 오차(ε)를 추가하여 모집단에 대한 선형 모델이 완성된다. 오차에 대한 자세한 설명은 '궁금증 48'에서 다루었다.

$$y = ax + b + \varepsilon$$

선형 모델에서는 이 오차가 다음과 같이 정규분포를 따른다.

$$\varepsilon \sim N(0, \sigma^2)$$

나머지는 확률적인 요소가 전혀 없는 상수 값들이다. 따라서 선형 모델은 다음 그림과 같은 형태로 모델링된다. 즉, 오차는 정규분포를 따르지만, 이 정규분포는 평균이 0이고 분산은 파라미터로 σ^2이 된다. 평균이 0이므로 옆에 있는 상수 값들인 $ax+b$가 평균이 되어 최종적으로 **출력 변수 y는 평균이 ax + b고 분산이 σ^2인 정규분포를 따르게 된다.**

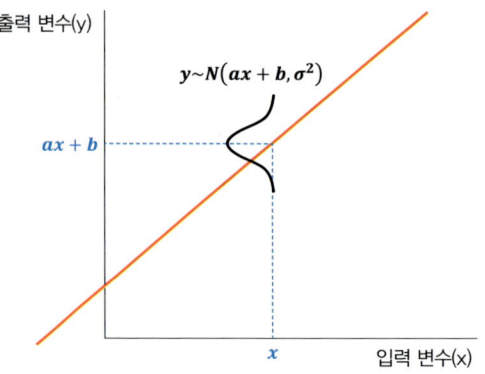

그림 4-3 선형 모델 간단 시각화

이때 출력 변수 y는 정규분포를 따르는 데이터가 된다. 따라서 정규분포에 대한 확률밀도를 사용하여 우도를 구성하면 된다. 즉, '궁금증 29'에서 다룬 한 종류의 변수(x)에 대한 데이터에서 정규분포를 가정하여 구한 샘플 전체에 대한 우도에서 다음과 같이 변수에 해당하는 x는 y로 바꾸고, 평균에 해당하는 μ는 $ax+b$로 바꾸면 된다.

$$L_{\text{샘플 전체}} = \prod_{i=1}^{n} \frac{1}{\sqrt{2\pi\sigma^2}} exp\left(-\frac{(x_i - \mu)^2}{2\sigma^2}\right)$$

$$\Downarrow$$

$$L_{\text{샘플 전체}} = \prod_{i=1}^{n} \frac{1}{\sqrt{2\pi\sigma^2}} exp\left(-\frac{(y_i - (ax_i + b))^2}{2\sigma^2}\right)$$

여기에서는 조금 복잡하게 보일 수 있지만, 구체적인 계산 과정을 다루기로 했다. 선형 모델에 대한 최대우도추정치 계산은 한번쯤은 그 유도 과정과 결과를 살펴보는 것이 선형회귀 분석을 더욱 깊이 이해하는 데 도움이 되기 때문이다. 그렇기에 여기에서 로그를 양변에 취해서 로그 우도를 구하면 다음과 같이 된다.

$$log\left(L_{\text{샘플 전체}}\right) = \sum_{i=1}^{n}\left(-log\left(\sqrt{2\pi\sigma^2}\right) - \left(\frac{(y_i - (ax_i + b))^2}{2\sigma^2}\right)\right)$$

$$= \sum_{i=1}^{n}\left(-\frac{1}{2}log(2\pi\sigma^2) - \left(\frac{(y_i - (ax_i + b))^2}{2\sigma^2}\right)\right)$$

$$= -\frac{n}{2}log(2\pi\sigma^2) - \frac{1}{2\sigma^2}\sum_{i=1}^{n}(y_i - (ax_i + b))^2$$

이 수식을 잘 보면, 파라미터 a와 b의 관점에서 좌항에 있는 σ^2은 상수로 취급되고, 합의 기호 앞에 곱해진 $\frac{1}{2\sigma^2}$ 역시 상수로 취급된다. 결론적으로 이러한 상수 값들을 제외하여 다음 수식에 대한 최댓값을 찾는 문제로 귀결된다.

$$-\sum_{i=1}^{n}(y_i - (ax_i + b))^2$$

그런데 여기에서 앞에 마이너스가 있으므로, 마이너스를 빼면 다음 수식에 대한 최솟값 문제가 된다.

$$\sum_{i=1}^{n}(y_i-(ax_i+b))^2$$

$$=\sum_{i=1}^{n}\left(\text{관측 값}_i - \text{적합한 값}_i\right)^2$$

$$=\sum_{i=1}^{n}\text{잔차}_i^{\,2}$$

이 수식은 최소제곱법에서 최솟값을 찾는 목적함수와 동일하다. y_i가 i번째 샘플에 대한 관측 값이고, ax_i+b가 i번째 x에 대한 적합한 값이므로 i번째 잔차의 제곱이 되기 때문이다. 이렇게 **원래 우도에 대한 최댓값을 찾는 문제가 잔차의 합에 대한 최솟값을 찾는 문제로 귀결되었으므로, 최소제곱법의 결과와 최대우도추정치는 동일하다.**

먼저 직선의 절편인 파라미터 b에 대한 최대우도추정치를 구하기 위해서 b에 대해 이전 수식을 미분한 결과가 0이 되도록 해 보자.

$$-2\sum_{i=1}^{n}(y_i-(ax_i+b))=0$$

이 수식을 b에 대해서 정리하면 다음과 같이 된다.

$$\widehat{b}_{MLE}=\frac{1}{n}\sum_{i=1}^{n}(y_i-ax_i)=\bar{y}-a\bar{x}$$

여기에서 y와 x 위에 있는 바(bar) 형태는 샘플 평균을 의미한다. 그래서 결론적으로 b는 출력 변수의 샘플 평균($\bar{y}$)에서 입력 변수의 샘플 평균($\bar{x}$)에 a를 곱한 값을 뺀 값이 된다. a는 아직 뭔지 모르는데, 이것은 이후에 a에 대한 최대우도추정치를 구한 뒤 여기에서 사용하면 된다. $\hat{b}_{MLE}$는 b에 대한 최대우도추정치(MLE)를 표기한 것이다.

이번에는 직선의 기울기인 a 파라미터에 대해서 앞의 목적함수에 해당하는 수식을 a에 대해서 미분해서 그 결과를 0으로 만들어 보자.

$$-2\sum_{i=1}^{n} x_i\bigl(y_i - (ax_i + b)\bigr) = 0$$

이 수식을 정리하면 다음과 같다.

$$\sum_{i=1}^{n} x_i y_i = a\sum_{i=1}^{n} x_i^2 + b\sum_{i=1}^{n} x_i$$

여기에 앞서 유도한 $b(=\bar{y} - a\bar{x})$에 대한 수식을 넣고, a에 대해서 정리하면 다음과 같다.

$$\sum_{i=1}^{n} x_i y_i = a\sum_{i=1}^{n} x_i^2 + (\bar{y} - a\bar{x})\sum_{i=1}^{n} x_i$$

$$\sum_{i=1}^{n} x_i y_i - \bar{y}\sum_{i=1}^{n} x_i = a\left(\sum_{i=1}^{n} x_i^2 - \bar{x}\sum_{i=1}^{n} x_i\right)$$

양변에 $\sum_{i=1}^{n} x_i^2 - \bar{x}\sum_{i=1}^{n} x_i$를 나누면 오른쪽 항에 a만 남게 된다. 따라서 a는 다음과 같이 정리된다.

$$a = \frac{\sum_{i=1}^{n} x_i y_i - \bar{y}\sum_{i=1}^{n} x_i}{\sum_{i=1}^{n} x_i^2 - \bar{x}\sum_{i=1}^{n} x_i}$$

그런데 분자와 분모를 n으로 나누어 보면, 다음과 같이 분자는 두 변수 사이의 공분산($cov(x, y)$)이 되고 분모는 입력 변수 x의 분산($var(x)$)이 된다.

$$\hat{a}_{MLE} = \frac{cov(x, y)}{var(x)}$$

따라서 **직선의 기울기에 대한 최대우도추정치는 간단하게 x와 y의 공분산에서 x에 대한 분산을 나누어 주면 된다.** 이렇게 구해진 기울기에 대한 최대우도추정치를 활용하여 이전에 유도한 직선의 절편에 대한 최대우도추정치를 다음과 같이 구할 수 있다.

$$\hat{b}_{MLE} = \bar{y} - \hat{a}_{MLE}\bar{x}$$

여기까지가 결론이지만, 중간에 유도 과정을 마무리하지 않은 부분을 보다 자세히 알아보겠다. 앞서 a의 분자와 분모에 n을 나눈 뒤 갑자기 분자가 공분산이 되고, 분모가 분산이 되었다. 왜 이렇게 치환될 수 있는지 자세히 알아보자.

먼저 분모에 n을 나눈 뒤 정리하면 다음과 같이 제곱의 평균에서 평균의 제곱을 뺀 값이 되어 분산이 된다는 것을 유도할 수 있다.

$$\frac{1}{n}\left(\sum_{i=1}^{n} x_i^2 - \bar{x}\sum_{i=1}^{n} x_i\right) = \frac{1}{n}\sum_{i=1}^{n} x_i^2 - \bar{x}^2 = E(x_i^2) - E(x_i)^2$$

$$= \text{제곱의 평균} - \text{평균의 제곱}$$
$$= \text{분산}(var(x))$$

다음으로 분자에 n을 나누어서 정리하면 다음과 같고, 이것은 공분산과 동일하다.

$$\frac{1}{n}\left(\sum_{i=1}^{n} x_i y_i - \bar{y}\sum_{i=1}^{n} x_i\right)$$

$$= E(x_i y_i) - E(x_i)E(y_i)$$

$$= 공분산(cov(x,y))$$

공분산의 원래 공식은 다음과 같고, 이것을 정리하면 분자에 n을 나눈 수식과 같다는 것을 알 수 있다.

$$cov(X,Y) = E\left((x_i - E(x_i))(y_i - E(y_i))\right)$$

$$= E(x_i y_i) - E(x_i E(y_i)) - E(E(x_i)y_i) + E(E(x_i)E(y_i))$$

$$= E(x_i y_i) - 2E(x_i)E(y_i) + E(x_i)E(y_i)$$

$$= E(x_i y_i) - E(x_i)E(y_i)$$

수식을 다소 복잡하게 느낄 수도 있지만, 앞서 이야기했듯이 이 과정들은 선형 모델에 대한 유도 과정에서 항상 등장하는 주제이기 때문에 한번쯤은 구체적으로 알아 두면 좋다.

궁금증 46

선형 모델의 선형은 무엇을 기준으로 하는가?

선형이라는 것은 계수 기준인가? 변수 기준인가?

선형 모델이라고 할 때 '선형' 기준을 알아보겠다. 선형이 변수를 기준으로 하는지, 계수를 기준으로 하는지 명확히 모른다면 잘못된 선형 또는 비선형 회귀 분석을 할 수 있기 때문에 명확하게 구분해야 한다.

결론적으로 말하면, 선형은 반드시 '변수'가 아닌 **'계수'를 기준으로 결정해야 한**다. 예를 들어 보자. 다음과 같은 모델은 선형인가? 비선형인가?

$$y = \beta_0 + \beta_1 x^2$$

정답은 '선형'이다. 입력 변수 x가 제곱의 형태를 띠기 때문에 비선형이라고 오해할 수 있으나, 앞서 말했듯이 선형과 비선형을 결정하는 것은 계수다. 따라서 계수가 선형이므로 이 모델은 '선형'이다.

그렇다면 다음 모델은 선형인가 비선형인가?

$$y = \beta_0 + \beta_1^2 x$$

정답은 '비선형'이다. 이번에는 변수가 아닌 계수에 비선형 텀인 제곱(β_1^2)이 있기 때문에 우리가 추정해야 하는 파라미터는 비선형이므로 비선형 모델이다.

다음과 같은 모델이 있다면 β_1이 비선형 텀인 지수가 되므로, 비선형 모델이다. 그런데 이때 양변 로그를 취하여 $log()$ 함수를 입력 변수 x와 출력 변수 y에 모두 적용하면 변환된 변수 사이에서는 선형 모델로 바뀐다. 이렇듯 변수 변환으로 선형 모델로 바꿀 수 있을 때는 변수 변환 이후 선형 모델을 기반으로 회귀 분석을 진행한다.

$$y = \beta_0 x^{\beta_1}$$

↓ (양변 로그)

$$log(y) = log(\beta_0 x^{\beta_1}) = log(\beta_0) + \beta_1 log(x)$$

$y = \beta_0 x^{\beta_1}$ ➔ 변수 변환($log(y) \to y^*$, $log(x) \to x^*$) ➔ $y^* = log(\beta_0) - \beta_1 x^*$

궁금증
47

선형회귀 분석에서 귀무가설은?

선형회귀 분석을 한 결과에는 p-value 값이 등장하는데, 왜 갑자기 p-value가 등장할까? 보통 p-value는 귀무가설을 기각하는 데 필요한 값이다. 그렇다면 선형회귀 분석에서도 귀무가설이 있다는 것이다. 여기에서 귀무가설은 무엇일까? '궁금증 37'에서 귀무가설은 내가 궁금한 질문에 반대되는 가설이라고 했다. 선형회귀 분석에서는 두 변수가 서로 선형 관계에 있는지가 가장 궁금하다. 다시 말해 입력 변수와 출력 변수 사이에 곱해지는 계수가 상수 값으로 있으면 서로 선형 관계에 있는 것이고, 그렇지 않으면 선형 관계가 아닌 것이다.

즉, 선형회귀 분석에서 귀무가설은 다음과 같이 두 변수 사이에 서로 관계가 없다는 것이 된다. 이것을 수식적으로 생각하면 **기울기가 0인 상태다**.

귀무가설 = 두 변수가 서로 관계없다(기울기가 0 이다)

즉, 이것을 그림으로 표현하면 그림 4-4와 같이 데이터가 있을 때 이들 관계가 기울기가 0인 상태로 누워 있다는 것이 귀무가설이다. 그림 4-4의 샘플 데이터는 귀무가설처럼 보이지 않고 뭔가 입력 변수가 증가할수록 출력 변수도 증가하는 패턴을 보이기에, 아마도 귀무가설을 기각하고 서로 선형 관계에 있다는 결론을 내릴 가능성이 높다.

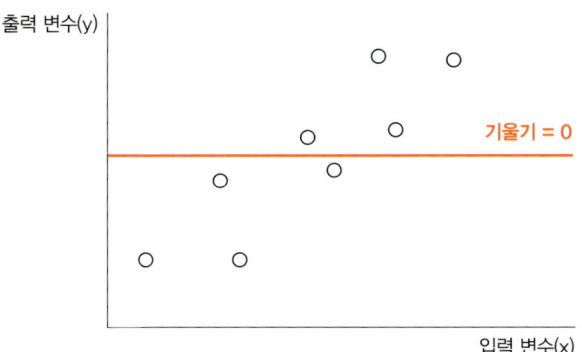

그림 4-4 선형회귀 분석에서 기울기에 대한 귀무가설 시각화

즉, 기울기 계수에 대한 귀무가설(H_0)은 다음과 같이 표현할 수 있다.

$$H_0: \beta_1 = 0$$

여기에서 절편 계수에 대한 귀무가설(H_0)은 비슷한 원리로 다음과 같이 절편이 없다는 것이 된다.

$$H_0: \beta_0 = 0$$

궁금증 48

편차 VS 오차 VS 잔차

편차

편차는 우리가 익숙하게 알고 있는 표준편차에 있는 편차로, 이에 대한 설명은 '궁금증 1'에서 이미 다루었으므로 생략하고 결론만 정리하면 다음과 같다.

$$i번째\ 샘플의\ 편차(d_i) = i번째\ 샘플의\ 관측\ 값(y_i) - 샘플\ 평균(\bar{y}_i)$$

오차

기본적으로 **오차**는 측정값에서 참값을 뺀 값으로, 선형 모델에서 측정값은 관측 값이 된다. 참값은 모집단의 참된 회귀함수 값으로, 선형회귀에서는 실제로 모집단이 따른다고 가정하는 선형 모델의 함수 값이다. 오차를 설명할 때 가장 중요한 단어는 '모집단'이다. 모집단의 전체 관측 값이 있다고 가정할 때, 이 관측 값들이 선형 모델을 따른다면 다음 모델을 따른다고 할 수 있다.

$$y = \beta_0 + \beta_1 x + \varepsilon$$

다르게 표현하면 모집단의 관측 값은 선형 모델의 함수 값에 오차를 더한 것으로 다음과 같이 표기할 수 있다.

$$y = f(x) + \varepsilon$$

따라서 오차는 다음과 같이 모집단의 관측 값에서 함수 값을 빼면 구할 수 있다.

$\varepsilon = y - f(x) =$ 모집단의 관측 값(y) – 모집단의 참된 회귀 함수 값$(f(x))$

즉, 모집단의 모든 관측 값이 선형 모델을 따르되, 입실론(ε)만큼 오차를 가진다. 다음 그림은 하나의 데이터 x_0에 대한 오차(ε_0)를 시각화한 것이다.

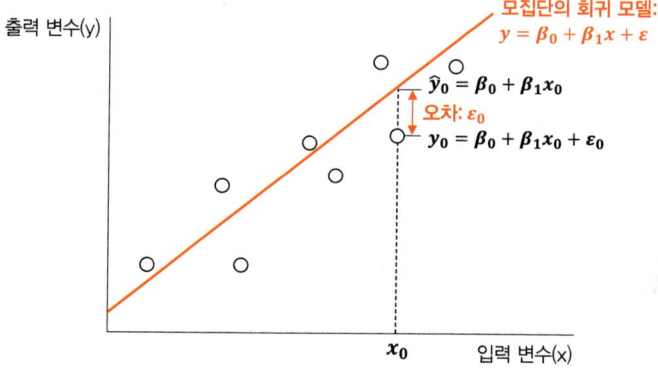

그림 4-5 오차

끝으로 오차는 무작위적인 성질을 가지기 때문에 랜덤 오차라고도 한다.

잔차

잔차는 오차와 비슷한 개념으로, 관심을 모집단에서 샘플로 옮겨 오면 나머지는 모두 동일하다. 다음 그림에서 오차와 잔차의 차이를 완전히 이해할 수 있다. 오차를 설명할 때 사용한 모집단의 관측 값 중에서 샘플 다섯 개를 샘플링했다고 했을 때, 이 샘플들에 대한 회귀선은 모집단의 것과는 약간 차이가 있다. 이렇게 조금 다른 샘플의 **회귀선에 적합한 값과 샘플의 관측 값의 차이가 잔차다**. 정리하면 다음과 같다.

$$\gamma(잔차) = y(샘플의\ 관측\ 값) - \hat{y}(적합한\ 값)$$

그리고 다음 그림에서 샘플 데이터에서 학습된 선형 모델의 파라미터들은 앞서 모집단의 파라미터와 다른 값을 가질 가능성이 높아 '를 사용하여 추정치임을 나타냈다.

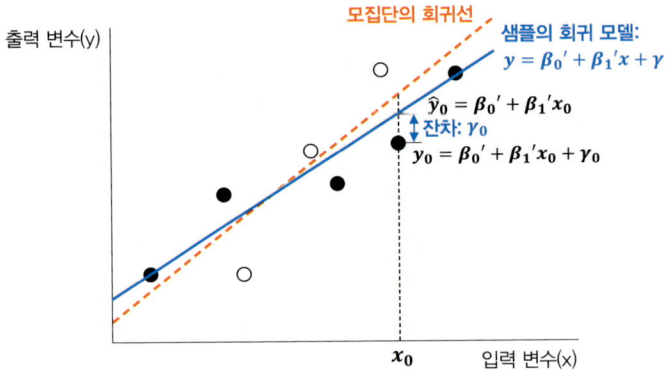

그림 4-6 잔차의 개념 시각화

보통 모집단의 관측 값들은 알 수 없을 때가 많기 때문에 오차가 아닌 잔차를 계산할 수밖에 없다. 이러한 잔차를 분석(residual analysis)함으로써 선형모델에 대한 가정을 확인하거나 그 밖에 데이터에 포함된 성질들을 파악할 수 있다.

궁금증
49

표준편차 VS 표준오차

표준편차

표준편차는 이미 '궁금증 1'에서 자세히 설명했으므로 여기에서는 간단히 소개만 하겠다. 표준편차는 우리가 이미 익숙한 분산이라는 개념에서 유도될 수 있다. 분산은 어떤 데이터가 흩어진 정도를 수치적인 값으로 측정한 값이다. 표준편차는 이러한 분산에 루트를 씌운 값이다. 수식적으로는 이렇듯 다음과 같이 분산과 단순한 루트의 관계를 가진다.

$$표준편차 = \sqrt{분산}$$

표준오차

그렇다면 표준오차(Standard Error, SE)는 무엇인가? 표준오차 개념을 이야기하기 위해서 기억해야 할 중요한 개념은 '샘플링'이다. 즉, 하나의 샘플 데이터 집합이 아니라 여러 다른 샘플 데이터 집합이 있어야 계산할 수 있다. 그림으로 표현하면 다음 그림과 같다.

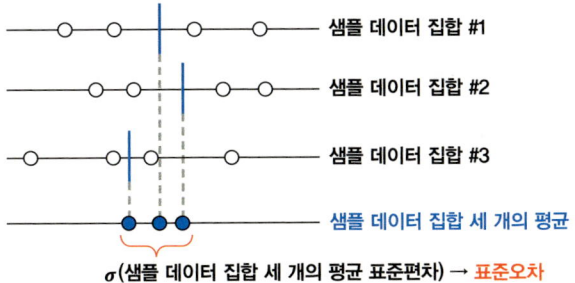

그림 4-7 표준오차

그림 4-7에 있는 샘플 데이터 집합 세 개에서 각각의 샘플 평균들을 사용하여 표준편차를 계산하면 표준오차가 된다. 즉, 샘플 데이터 집합에서 계산된 각각의 샘플 평균들의 분산에서 제곱근을 취하면 표준오차가 된다. 그런데 여기에서 기억해야 할 점은 항상 샘플 평균만 표준오차를 구하지는 않는다는 것이다. 샘플 평균은 여기에서 예제로 사용된 파라미터다. 즉, 우리가 관심 있는 것이 전체 모집단의 평균일 때 그것에 대한 추정치로 샘플 평균을 사용한 것이다. 표준오차는 샘플 평균에만 국한되지 않고 분산이나 회귀계수, 비율 같은 통계량에서도 구할 수 있다.

선형회귀 분석 문제로 적용시켜 보면, 선형 모델에서 기울기에 해당하는 회귀계수를 구하는 것이 관심 대상이 된다. 이때 최종 목표는 모집단의 회귀계수를 구하는 것이다. 하지만 현실적으로는 샘플에서 추정한 회귀계수를 구할 수밖에 없다. 이때 회귀계수에 해당하는 기울기에 대한 표준오차를 계산할 수 있다.

따라서 그림 4-8과 같이 파란색 선들처럼 회귀계수의 표준오차가 작은 선형 모델을 학습했다면 샘플 데이터 집합의 기울기 간에 차이가 적다는 의미가 된다. 이때 추정치는 안정적이고 변동성이 적다는 것을 의미한다. 반면에 다음 그림에서 빨간색 선들처럼 회귀계수의 표준오차가 큰 선형 모델을 학습했다면 추정치는 불안정하고 변동성이 크다. 그렇기 때문에 **표준오차가 큰 경우에 귀무가설을 기각하지 않을 확률이 높아지는 경향이 있다.**

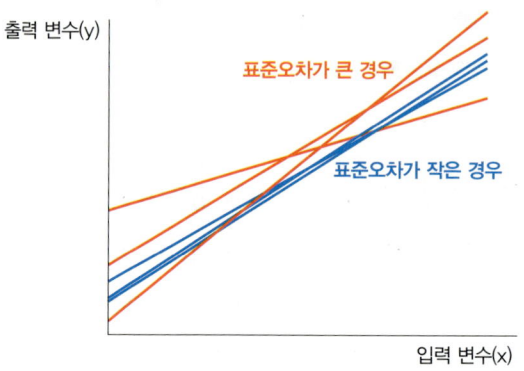

그림 4-8 표준오차가 크고 작은 경우의 학습된 선형 모델 비교

그런데 여기에서 추가로 알아 둘 것이 있다. 기본적으로 표준오차를 계산하기 위해서는 앞의 설명처럼 여러 샘플 데이터 집합이 있어야 한다. 보통은 하나의 샘플 데이터 집합만 있을 때가 많다. 하지만 샘플 데이터 집합 하나에 대한 표준편차만 구해도 표준오차를 추정할 수 있다. 샘플 데이터 집합 하나에서 계산된 표준편차에서 해당 샘플 데이터 집합의 샘플 수에 루트를 취한 값을 나누어 주면 표준오차를 추정할 수 있다.[1] 또는 '궁금증 35'에서 소개한 리샘플링(붓스트랩 같은)으로 여러 샘플을 생성한 뒤 이들을 바탕으로 표준오차를 추정할 수도 있다.

---

[1] 이 부분에 대한 증명은 저자 블로그를 참고하길 바란다. https://blog.naver.com/sw4r

다중 선형회귀 VS 다변량 선형회귀

회귀 분석을 공부하다 보면 다중 선형회귀나 다변량 선형회귀 같은 용어를 많이 만난다. 그런데 이 부분은 문헌마다 다르게 표기되기도 하고, 심지어 논문에서도 명확하지 않은 경우가 있다. 실제로 주로 사용되는 단변량 모델 위주로만 많은 사람이 다루다 보니 다변량 쪽은 정확하게 정리되지 않은 용어들이 생기는 것 같다. 여기에서는 이러한 용어를 깔끔하게 정리해 보겠다.

먼저 가장 기본이 되는 선형회귀 모델은 단순 선형회귀(simple linear regression) 모델이다. 이것은 다음 그림과 같이 입력 변수 한 개와 출력 변수 한 개로 된 가장 단순한 형태의 회귀 모델이다.

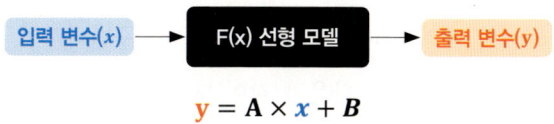

그림 4-9 단순 선형회귀

여기에서 입력 변수를 먼저 늘려 보자. 입력 변수 개수를 여러 개로 하면 **다변수 선형회귀**(multivariable linear regression) 또는 **다중 선형회귀**(multiple linear regression)[2]가 된다. 즉, 다음과 같이 입력 변수와 출력 변수가 구성되고, 그 관계는 입력 변수 여러 개가 하나의 출력 변수에 대해서 각각의 입력 변수마다 고유의 회귀계수를 가지고 이들을 합쳐 출력 변수가 된다.

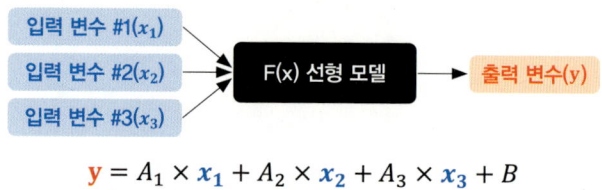

$$y = A_1 \times x_1 + A_2 \times x_2 + A_3 \times x_3 + B$$

그림 4-10 다중(또는 다변수) 선형회귀

입력 변수 개수를 늘리면 '단순'에서 '다중'으로 변한다. 이번에는 출력 변수 개수를 늘려 보자. 이때는 단변량(univariate)에서 다변량(multivariate)으로 바뀐다. 단변량이라는 표기는 보통 생략하기 때문에 앞에서는 생략했었다. 엄밀하게 말하면, 입력 변수 한 개와 출력 변수 한 개의 모델은 단변량 단순 선형회귀라고 해야 하며, 입력 변수 여러 개와 출력 변수 한 개의 모델은 단변량 다중 선형회귀라고 해야 한다.

다변량이 되는 순간 출력 변수가 여러 개가 된다고 보면 된다. 보통 그냥 다변량 회귀라고 하면 입력 변수 한 개 이상을 의미해서 한 개인 경우와 여러 개인 경우를 합쳐서 의미할 때가 많다. 하지만 이를 굳이 구별하자면, 입력 변수 한 개와 출력 변수 여러 개는 다음과 같이 **다변량 단순 선형회귀**(multivariate simple linear regression)라고 부르면 된다.

---

2 다변수보다 다중 선형회귀라고 더 많이 부른다.

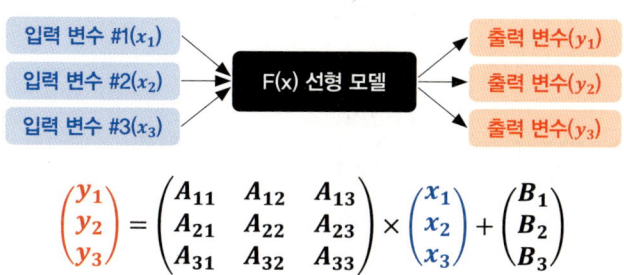

$$\begin{pmatrix} y_1 \\ y_2 \\ y_3 \end{pmatrix} = \begin{pmatrix} A_1 \\ A_2 \\ A_3 \end{pmatrix} \times x + \begin{pmatrix} B_1 \\ B_2 \\ B_3 \end{pmatrix}$$

그림 4-11 다변량 단순 선형회귀

마지막으로 선형회귀 모델 중에는 가장 복잡한 형태로 **다변량 다중 선형회귀**(multivariate multiple linear regression) 모델이 있다. 이것은 입력 변수 여러 개에 출력 변수 여러 개를 가지는 선형 모델이다. 해당되는 관계도와 수식은 다음 그림과 같다.

$$\begin{pmatrix} y_1 \\ y_2 \\ y_3 \end{pmatrix} = \begin{pmatrix} A_{11} & A_{12} & A_{13} \\ A_{21} & A_{22} & A_{23} \\ A_{31} & A_{32} & A_{33} \end{pmatrix} \times \begin{pmatrix} x_1 \\ x_2 \\ x_3 \end{pmatrix} + \begin{pmatrix} B_1 \\ B_2 \\ B_3 \end{pmatrix}$$

그림 4-12 다변량 다중 선형회귀

간혹 다중 선형회귀 분석을 다변량이라고도 하는데, 다중 선형회귀를 훨씬 많이 사용하기 때문에 다변량이라고 했더라도 다중 선형회귀 분석을 지칭하는 경우가 많다는 점도 염두에 두자.

궁금증 51

선형회귀에서 가정하고 있는 것들은?

선형회귀 분석으로 학습한 결과들이 통계적으로 의미를 가지려면 회귀 분석을 수행하기 전에 몇 가지 가정을 충족하는지 확인해야 한다. 어떤 가정들이 있는지 자세히 알아보자.

(1) 샘플 데이터는 모집단을 대표해야 한다

첫 번째 가정은 어떻게 보면 근본적이면서도 데이터를 수집하는 과정 중에 당연히 지켜야 하는 원칙이다. 즉, **데이터를 수집할 때는 한쪽으로 치우치지 않도록 골고루 랜덤으로 수집해야 한다.**

예를 들어 한 회사의 직원들(모집단) 실적이 궁금하다고 하자. 이때 모집단이 되는 이 회사의 직원 수가 너무 많아서 실적 조사를 모든 직원에게 하는 것은 비용이 많이 들고 불가능하다고 가정하자. 그렇다면 이때 통계가 필요할 것이다(물론 모집단 전체 데이터를 가지고 분석을 할 때도 통계는 필요하다). 즉, 몇몇 샘플을 추출하여 통계 분석을 함으로써 전체를 추론하려고 할 것이다.

이러한 목적으로 샘플을 수집할 때는 당연히 전체 모집단을 대표하도록 공평하게 골고루 샘플을 수집해야 하지 않겠는가? 예를 들어 이 회사의 신입 사원들 실적만 수집하고, 이것을 전 직원 실적을 대표한다고 생각해서 분석한다면 뭔가 잘못된 추론을 하지 않을까? 그래서 모든 직급의 직원을 랜덤으로 골고루 수집하는 것이 하나의 방법이 될 수 있다. 이러한 부분은 '궁금증 32'에서 배운 샘플링 개념을 숙지하여 상황에 맞는 샘플링 기법으로 샘플 데이터가 추출되었는지 점검해 보면 된다.

또 **관심 대상이 되는 정보와 현실에서 얻을 수 있는 데이터는 결코 정확히 동일할 수는 없다.** 예를 들어 어떤 사람의 지능 정보가 궁금하다고 하자. 이때 우리가 할 수 있는 것은 인간 지능을 어떤 수치로 표현할 수 있는 데이터를 찾아야 한다. 하나의 방법으로는 아이큐 테스트 결과를 인간 지능으로 여길 수 있다.

정리하면 데이터를 처음 확보했을 때는 이 데이터가 어떤 방식으로 샘플링 및 수집되었는지 알아야 하고, 데이터 의미가 풀고자 하는 문제에 잘 부합하는지 판단해야 한다. 하지만 아이큐 테스트 결과가 정말 인간 지능에 가장 부합하는지 여부는 통계로 알 수 있는 영역이 아니다. 따라서 이러한 근본적인 데이터 의미 부분은 데이터를 수집하는 과정 또는 실험을 설계하는 단계에서 분석자 판단이 중요하다.

(2) 회귀 방정식은 정확하다

회귀 방정식이 정확하다는 것은 오차의 평균이 '0'이라는 것이다. 즉, 다음과 같이 표현된다.

$$E[\varepsilon_i] = 0$$

오차의 기댓값이 '0'이라고 했으므로, 실제 샘플 데이터에서는 잔차의 평균이 '0'이 되는지 확인하면 된다. 이것은 현재 모델에서 설정한 입력 변수 이외에 중요한 **다른 입력 변수를 놓치지 않았다는 사실, 출력 변수와 입력 변수 사이의 관계가 선형이라는 사실을 의미한다.** 물론 입력 변수를 다른 형태로 변환한 뒤 선형이라도 무관하다.

(3) 오차들은 서로 상관관계가 없다

비록 몇몇 오차가 서로 상관성을 가진다고 하더라도 최소제곱법에 의한 적합 결과는 완전히 의미를 잃지 않는다. 어느 정도는 사용할 수 있지만, 정확성이 떨어진다. 이것은 시계열 데이터에서 많이 발생하기 때문에 시계열 데이터를 분석할 때는 좀 더 자세히 다루어야 한다. 아무튼 오차들의 상관성이 없다는 것을 수식으로 표현하면 다음과 같다.

$$E[\varepsilon_i \varepsilon_j] = 0$$

(4) 모든 입력 변수 x는 정확히 고정된 값이다

기본적인 선형 모델에서는 입력 변수에는 오차가 포함되지 않는다고 가정한다. 즉, 출력 변수에만 오차가 있는 것으로 선형회귀 분석에서는 가정한다. 입력 변수에 오차가 있는 경우도 다룰 수 있지만, 이 부분은 여기에서 다루지 않는다.

(5) 오차의 분산은 상수 값이다

이 가정은 등분산성(homoscedasticity)이라고 하며, 샘플의 어떤 입력 변수에 해당하는 출력 변수도 모두 동일한 분산에서 나와야 한다. 이것을 수식으로 표현하면 다음과 같다.

$$E[\varepsilon_i^2] = \sigma^2$$

여기에서 σ는 오차의 표준편차로 상수 값이다. 즉, 이 값이 상수가 아니라면 선형 모델 가정에 위배된다.

(6) 오차는 정규분포를 따른다

여기에서 중요한 점은 오차가 정규분포를 따르는 것을 확인하는 것이다. 앞의 가정들과 함께 생각해 보면 오차의 평균은 '0'이어야 하고, 분산은 매 순간 상수 값으로 동일해야 하고, 마지막으로 이것은 정규분포를 따라야 한다. 이것을 수식으로 표기하면 다음과 같다.

$$\varepsilon_i \sim N(0, \sigma^2)$$

여기에서 N은 Normal distribution(정규분포)의 약자다. 그리고 첫 번째 인자인 '0'은 평균에 해당하고, 두 번째 인자인 σ^2은 분산이 된다. 결과적으로 오차는 정규분포를 따르고, 상수 값의 분산을 가지며, 평균이 0이다. 이것을 만족하는 상황을 그래프로 그리면 그림 4-13과 같다.

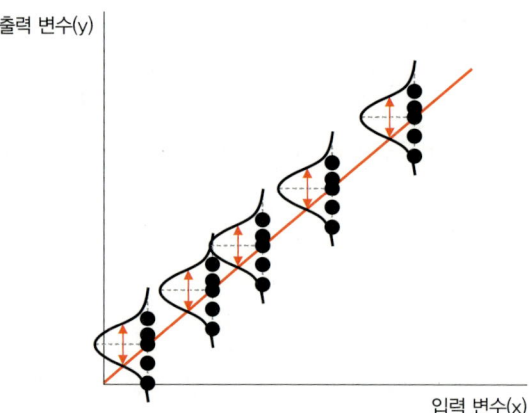

그림 4-13 분산이 상수 값인 정규분포를 따르는 오차

이러한 형태로 가정하고 선형 모델을 학습하기 때문에 다음과 같이 분산이 입력 변수가 바뀔 때마다 불규칙적으로 바뀌면, 선형 모델 가정을 위배하게 되어 이러한 데이터에서 최소제곱법으로 학습한 파라미터들의 신뢰성은 떨어진다. 이 문제를 해결하기 위해서 분산 안정화를 할 수 있는데, 분산 안정화는 '궁금증 21'에서 자세히 다루었다.

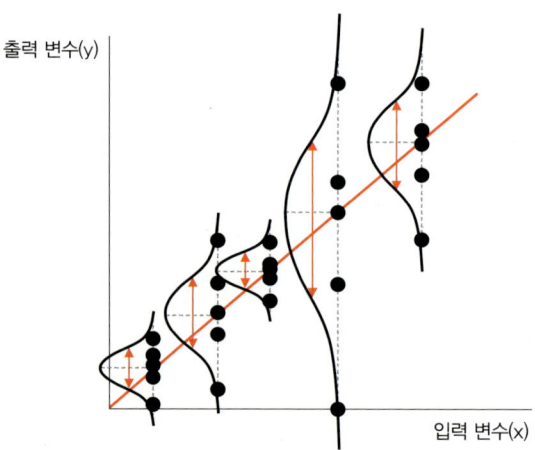

그림 4-14 분산이 불규칙적인 정규분포를 따르는 오차

(7) 입력 변수들은 서로 다중공선성을 가져서는 안 된다

앞의 (3) 가정에서는 오차의 상관관계가 없어야 한다고 했는데, 여기에서는 '입력 변수' 사이에 상관관계가 없어야 한다고 이야기하고 있다. 다중 선형 회귀 분석을 수행한다면 입력 변수는 한 개가 아닌 두 개 이상이 된다. 그런데 여기에서 **입력 변수 사이에 서로 강한 상관관계가 있으면 다중공선성을 가진다.** 예를 들어 키와 몸무게를 입력 변수로 사용하는데, 몸무게를 키의 제곱으로 나눈 체질량지수라는 변수를 또 다른 입력 변수로 사용하면 회귀 분석 모델이 제대로 학습되지 않는다. 체질량지수는 결국 키와 몸무게로 계산될 수 있는 값으로 분명히 키와 몸무게, 체질량지수는 서로 상관관계를 가질 것이기 때문이다.

정량적 데이터 VS 정성적 데이터

정량적 데이터(quantitative data)는 양적 데이터, 수치형 데이터 등이라고도 하며, 숫자로 표현되는 데이터를 일컫는다. 그리고 정량적 데이터는 이산형과 연속형 두 가지로 나눌 수 있다. 이산형 데이터(discrete data)는 0, 1, 2처럼 정수 값으로 표현되며, 셀 수 있는 값을 의미한다. 예를 들어 2학년 전체 학생 수나 질병에 걸린 환자 수 등 횟수나 건수처럼 셈하여 얻을 수 있는 값들이다. 연속형 데이터(continuous data)는 이산형 데이터처럼 정수 값으로 떨어지는 값만 있지 않고, 실수 전체가 그 대상이 될 수 있다. 그렇기 때문에 횟수를 셈하여 얻지 않고 2.4처럼 실수로 표현되는 값을 의미한다. 예를 들어 사람의 몸무게나 키, 시간에 대한 데이터가 이에 속한다.

정성적 데이터(qualitative data)는 질적 데이터, 카테고리 데이터, 범주형 데이터라고도 하며, 정량적 데이터와 반대로 숫자로 표현되지 않는 데이터를 일컫는다. 즉, 숫자가 아닌 범주를 의미하는 문자로 표현되며, 명목형과 순서형으로 나눌 수 있다. 명목형 데이터(nominal data)는 분류를 목적으로 나뉜 범주로, 이들 간에 상대적인 순서가 없는 데이터를 의미한다. 예를 들어 성별(남/여), 종교(기독교/불교) 등이 있다. 기독교와 불교 사이에는 순서가 없고, 각각은 하나의 범주로서 의미를 가진다.

순서형 데이터(ordinal data)는 명목형 데이터처럼 분류를 목적으로 나뉜 범주로, 이들 간에 상대적인 순서가 있는 데이터를 의미한다. 예를 들어 만족도 조사 결과(불만/보통/만족), 영어 수준(초급/중급/고급) 등이 있다. 영어 수준이 초급인 사람은 중급인 사람보다는 낮고, 고급인 사람은 중급인 사람보다 높다. 즉, 범주 사이에 순서가 있다.

이러한 데이터 유형은 확률질량함수와 확률밀도함수와도 연결지어 생각할 수 있다. 확률질량함수는 어떤 특정한 사건이 일어날 확률을 바로 계산하는 함수다. 다음 그림과 같이 데이터가 가질 수 있는 값이 유한한 경우인 이산형, 명목형, 순서형 같은 데이터 유형이 확률질량함수를 가진다. 반면에 데이터가 가질 수 있는 값이 무한한 경우인 연속형 데이터 유형은 확률밀도함수를 가진다.

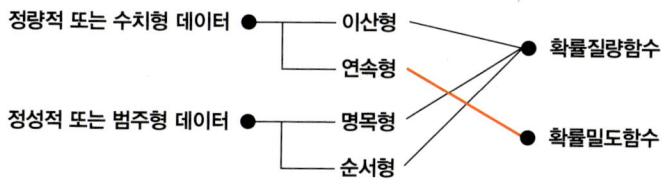

그림 4-15 정량적 데이터 VS 정성적 데이터와 확률질량함수 VS 확률밀도함수 간 관계

확률질량함수에 대한 간단한 예를 들어 보자. 동전을 두 번 던져서 앞면이 나올 확률에 대한 확률질량함수는 다음과 같다.

$$P(k) = \frac{2!}{k!(2-k)!}\left(\frac{1}{2}\right)^k \left(1-\frac{1}{2}\right)^{2-k}$$

이 수식은 이항분포에 대한 확률질량함수로 이항분포는 '궁금증 38'에서 설명했으니 참고하길 바란다. 여기에서는 $P(k)$를 단순히 k의 함수라고만 생각하자. 이 수식은 k의 복잡 형태로 된 함수지만, 결국 k에 어떤 값을 넣었을 때 P값(확률)이 계산되는 상황이라고 보면 된다. 그럼 하나씩 넣어 보자. k는 두 번 동전을 던졌을 때 앞면이 나오는 횟수고, $P(k=0)$은 두 번 모두 뒷면이 나올 확률이며, $P(k=1)$은 한 번은 앞면, 한 번은 뒷면이 나올 확률을 의미한다. 그리고 $P(k=2)$는 두 번 모두 앞면이 나올 확률이다. 모든 경우의 수에 대한 확률 합은 1이므로, 다음과 같이 계산된 모든 경우의 확률을 전부 더하면 1/4+1/2+1/4=1이 된다는 것을 알 수 있다.

$$k = 0: P(k = 0) = \frac{2!}{0!(2-0)!}\left(\frac{1}{2}\right)^0\left(1-\frac{1}{2}\right)^{2-0} = \frac{1}{4}$$

$$k = 1: P(k = 1) = \frac{2!}{1!(2-1)!}\left(\frac{1}{2}\right)^1\left(1-\frac{1}{2}\right)^{2-1} = \frac{1}{2}$$

$$k = 2: P(k = 2) = \frac{2!}{2!(2-2)!}\left(\frac{1}{2}\right)^2\left(1-\frac{1}{2}\right)^{2-2} = \frac{1}{4}$$

반면에 확률밀도함수는 어떤 특정한 사건이 일어날 확률을 바로 계산하지 않고, 어떤 사건들이 일어날 '범위의 확률'을 계산해 준다. 확률밀도함수에서 확률을 계산하는 부분은 '궁금증 23'에서 자세히 다루었다. 핵심만 이야기하면 앞서 같은 함수에 원하는 k값을 넣어 바로 확률을 계산하는 것이 아니라, 해당 함수를 원하는 범위에 대해서 면적을 구하면(또는 적분하면) 해당 범위에 대한 확률을 계산할 수 있다.

궁금증 53

정성적 출력 변수를 모델링하는 방법은?

지금까지는 정량적 데이터, 즉 수치로 표시될 수 있는 데이터 분석만 다루어 왔다. 이번에 다룰 데이터 유형은 수치 값이 아니라, 어떤 범주(예 '대', '중', '소') 내에서 하나의 특징을 가지는 정성적 데이터 분석만 다루어 보겠다. 그중에서도 바이너리 데이터는 어떤 대상이 '있다/없다'처럼 두 가지 상황 중에 하나를 나타내는 정보를 의미한다. 예를 들어 암에 걸린 환자를 1로, 암에 걸리지 않은 환자를 0으로 암호화하여 표현한 데이터가 된다.

이렇게 정성적인 유형의 데이터 분석을 하려면 앞서 **정량적인 데이터 분석에서 사용한 선형 모델은 그대로 사용할 수 없다.** 선형 모델에서는 입력 변수 값에 계수를 곱하고 절편을 더하여 결국 어떤 연속적인 값을 출력하기 때문이다. 하지만 이번에는 출력 변수가 연속적인 값이 아닌 0과 1이기 때문에 정성적 데이터 분석에 대한 새로운 분석 기법이 필요하다.

이러한 접근법으로 출력 변수 값이 0에서 1 사이 일종의 확률 값이 나오도록 한 뒤 어떤 기준을 설정하여 0과 1로 나눌 수 있다. 예를 들어 출력 변수의 예측 값이 0.5 이상이면 1, 그렇지 않으면 0으로 예측할 수 있다. 이러한 방법론이 로지스틱 회귀 분석의 기본적인 개념이다. 물론 로지스틱 회귀 분석이 반드시 바이너리 데이터에만 적용되는 것은 아니다. 두 개 이상의 범주에도 확장될 수 있다.

궁금증 54

로지스틱 회귀 분석에서 모델은 어떻게 생겼나?

로지스틱 모델은 직선 형태인 선형 모델과는 달리, S 형태의 곡선으로 되어 있다. 다음 그림과 같은 바이너리 데이터가 있다고 하자. 이것으로 선형 모델을 학습하는 것은 그림에서 보이는 것처럼 적절하지 못하다.

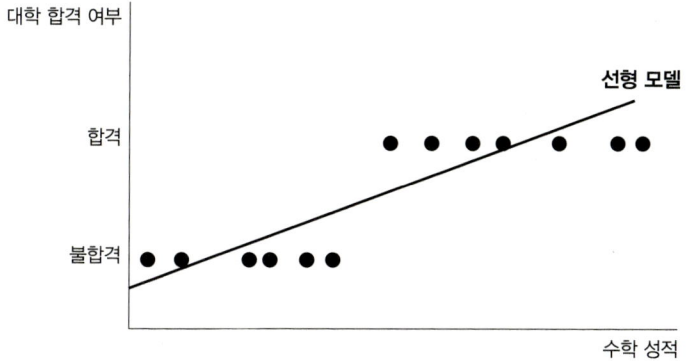

그림 4-16 바이너리 데이터에 학습된 선형 모델

이렇게 출력 변수가 합격/불합격처럼 바이너리 변수일 때는 그림 4-17과 같은 로지스틱 함수 형태가 필요하다.

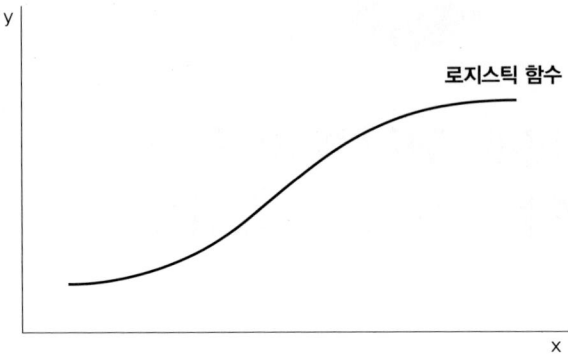

그림 4-17 로지스틱 함수 형태

즉, 이러한 로지스틱 함수 형태를 적용하여 데이터에 적합하면 다음 그림과 같다.

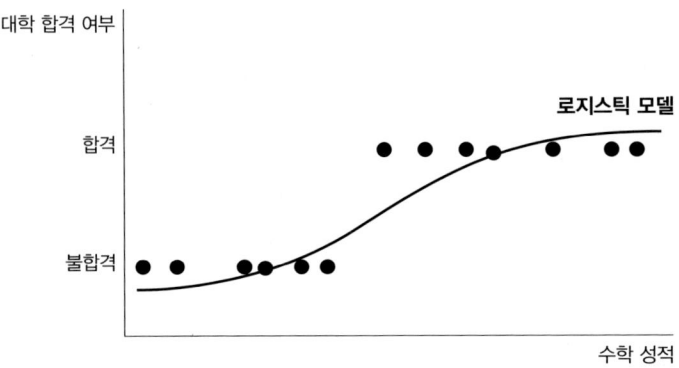

그림 4-18 바이너리 데이터에 학습된 로지스틱 모델

궁금증 55

분류 문제의 성능 평가를 하는 측정치에는 어떤 것들이 있나?

우선 로지스틱 회귀 분석에서는 바이너리 출력 변수를 다룬다는 점을 상기했을 때 로지스틱 회귀 모델로 예측된 값은 뭔가 확률 값이 나올 것이고, 이 확률 값이 어떤 기준보다 높으면 1 아니면 0으로 예측할 것이다. 이러한 기준을 분석자가 직접 정하면 우리는 정확도(accuracy)라는 값을 사용하여 성능을 평가할 수 있다. 하지만 해당 기준을 잘 정한 것인지 알 수 없기 때문에 분석자가 지정하는 기준이 없는 상태에서 일반적으로 성능을 평가할 수 있는 방법이 필요하다. 그러한 방법 중 하나로 ROC 곡선을 그려 보면 되는데, 이것을 이용하여 AUC를 계산하면 성능을 평가할 수 있다.

추가적으로 평가하고자 하는 데이터의 출력 변수, 즉 0과 1의 데이터 비율이 지나치게 한쪽에 몰려 있을 때는 일반적인 AUC를 이용한 성능 평가가 불가능할 수도 있다. 이 경우 정밀도(precision)와 재현율(recall)이라는 측정치를 이용하거나 PRAUC를 계산하여 성능 평가를 할 수 있다. 이 부분은 이후 하나씩 설명하겠다.

혼동 행렬

혼동 행렬(confusion matrix)은 분류 모델의 성능을 평가할 때 사용하는 개념으로, 얼마나 내가 예측한 분류 결과가 실제 데이터에서 잘 맞는지에 대한 지표로 사용될 수 있다. 이름을 혼동 행렬이라고 했는데, **오류 행렬**(error matrix)이라고도 한다. 즉, 내가 예측한 분류 결과의 오류나 혼동스러운 정도를 측정할 수 있는 행렬이다. 우리는 생각보다 이진 분류(분류하고자 하는 대상이 참과 거짓처럼 두 가지) 문제를 실제 현장에서 굉장히 많이 쓴다. 따라서 이 부분을 구체적으로 이해해야 한다. 여기에서는 이러한 이진 분류 문제에서 등장할 수 있는 개념들을 구체적으로 알아보고, 직관을 얻어 가자.

일단 혼동 행렬이 어떻게 생겼는지 먼저 살펴보면 다음 그림과 같다. 다음 그림에서 예측 값이라는 것은 머신러닝이 되었든 통계 모델이 되었든 목표는 예측하는 것이다. 기존 패턴을 바탕으로 아직 알기 어려운 상황에서 예측을 수행하려고 머신러닝이나 통계 모델을 사용할 때가 많다. 그러한 상황에서는 성능 평가를 다음 그림과 같은 혼동 행렬로 할 수 있는 것이다. 그렇기에 예측 값이라는 것은 모델로 예측한 결과라고 보면 되고, 실제 값은 실제 데이터에서 라벨링이 되어 있는 분류 결과라고 보면 된다.

		실제 값	
		양성(P)	음성(N)
예측 값	양성(P)	참 양성(TP)	거짓 양성(FP)
	음성(N)	거짓 음성(FN)	참 음성(TN)

그림 4-19 혼동 행렬 구성 요소

이때 각각의 용어들을 잘 기억할 수 있게 이야기를 넣어 보자. 참 양성은 양성이라고 예측했는데, 이것이 실제 결과와 맞아떨어지면 '참'이 붙어 참 양성이 된다. 정말 말 그대로 참인 양성인 것이다. 마찬가지로 거짓 양성이라는 것은 양성이라고 예측했는데, 실제로는 양성이 아닌 음성이기 때문에 '거짓'이 붙어 거짓 양성이라고 한다.

동일한 원리를 음성에 적용하면, 참 음성은 실제로도 음성이고 이것을 예측한 결과도 음성이라서 실제 결과와 맞아떨어지니 참 음성이 되고, 거짓 음성은 음성이라고 예측했지만 실제 결과는 양성이라서 잘 맞아떨어지지 않는 거짓이므로 거짓 음성이 된다. 추가로 설명하면, 1종 오류는 거짓 양성과 같고 2종 오류는 거짓 음성과 같다. 결국 오류라는 것은 잘못된 경우만 이야기하면 되므로 혼동 행렬에서 '거짓'이 붙었을 때만 해당된다고 보면 되겠다.

예시로서 데이터 속에서 어떤 의미가 되는지 보다 직접적으로 느껴 보자. 환자 열 명이 있는데, 1은 암 환자를 의미하고 0은 암 환자가 아니라는 의미다. 이때 실제 분류 결과에서 1번부터 5번까지 환자들은 실제로 암 환자이며, 6번부터 10번까지 환자들은 실제로 암 환자가 아니다. 그런데 이러한 샘플 데이터를 바탕으로 예측을 수행했다고 해 보자. 이때 어떤 입력 변수를 사용했는지는 여기에서 나타내지 않았는데, 여러 가지 임상 정보나 환자 개개인에 대한 정보다. 이러한 정보를 토대로 해당 환자가 암 환자인지 아닌지를 분류하는 모델을 학습했다고 가정해 보자.

그런 다음 해당 모델 성능을 평가하기 위해서 다음과 같이 모델 예측 결과를 실제 분류 결과와 함께 나열해 보았다. 환자 번호 1번과 2번은 실제로는 암 환자였는데, 예측 결과를 보면 암 환자가 아니라고 예측했다. 따라서 음성(이 경우에는 암 환자가 아닌 것이 음성)을 잘못 예측했으므로 거짓 음성(False Negative, FN)이 된다. 반면에 환자 번호 3~5번은 실제로 암 환자였는데, 이번에는 예측을 정확하게 암 환자라고 했다. 양성(이 경우에는 암 환자가 양성)을 맞게 예측했으므로 참 양성(True Positive, TP)이 된다.

환자 번호	1	2	3	4	5	6	7	8	9	10
실제 분류 결과	1	1	1	1	1	0	0	0	0	0
모델 예측 결과	0	0	1	1	1	1	1	0	0	0
성능 평가 결과	FN	FN	TP	TP	TP	FP	FP	TN	TN	TN

그림 4-20 암 환자 분류 결과 예시

같은 원리로, 환자 번호 6~10번까지도 음성 측면에서 설명될 것이다. 여기에서 성능을 보다 구체적으로 평가하는 지표들을 알아보자. 사실 FN, TP, FP(False Positive), TN(True Negative)만으로는 구체적으로 성능을 평가하기가 쉽지 않다. 따라서 추가로 정확도(accuracy), 정밀도, 재현율(sensitivity)(민감도)도 알아보겠다.

정확도

정밀도와 재현율은 뒤에서 천천히 알아보기로 하자. 먼저 **정확도**는 전체 샘플 중에서 내가 학습한 모델에 올바르게 예측한 샘플이 얼마나 포함되어 있는지에 대한 비율을 의미한다. 말 그대로 얼마나 정확하게 예측했느냐를 지표로 나타낸 것이다. 이때 올바르게 예측했다는 것은 양성일 수도 있고 음성일 수도 있다. 양성이든 음성이든 정답에 맞게 예측한 경우가 얼마나 되느냐이므로, 참 양성(TP)과 참 음성(TN)의 개수를 모두 합친 값을 전체 샘플 수에서 나누면 정확도를 계산할 수 있다.

수식으로 표현하면 다음과 같이 TP와 TN의 수에서 전체 가능한 모든 경우의 샘플 수를 나누어 주면 된다.

$$\text{정확도} = \frac{\text{양성과 음성 모두에 대해서 올바르게 예측한 샘플 수}}{\text{전체 샘플 수}} = \frac{TP + TN}{TP + TN + FP + FN}$$

앞의 예시에서 이러한 값을 살펴보면, 다음과 같이 전체 열 번의 경우 중 TP는 세 번, TN도 세 번으로 총 여섯 번을 올바르게 예측했다. 따라서 예시에서 보인 데이터를 바탕으로 한 모델 정확도는 6/10=0.6이다.

환자 번호	1	2	3	4	5	6	7	8	9	10
실제 분류 결과	1	1	1	1	1	0	0	0	0	0
모델 예측 결과	0	0	1	1	1	1	1	0	0	0
성능 평가 결과	FN	FN	TP	TP	TP	FP	FP	TN	TN	TN

그림 4-21 정확도를 계산할 때 필요한 값 강조

지금까지는 모델 예측 결과를 0 또는 1로 나타냈다. 즉, 어떤 임계치를 기준으로 0 또는 1을 할당하는 과정을 이미 거친 결과다. 하지만 실제로 통계 모델이 되었든 머신러닝이 되었든 모델을 학습하게 되면 보통 분류 문제에서 예측 값은 확률로 나타난다. 즉, 0 또는 1이 아닌 0부터 1 사이의 어떤 연속적인 값을 가지는 것이다. 확률을 바탕으로 0 또는 1로 할당하려면 임의로 임계치를 분석자가 정해야 하는 부담이 생긴다. 분석자의 주관적인 결정이 결과에 영향을 줄 수 있기 때문에 영향을 받지 않기 위해서 정확도 대신 ROC(Receiver Operating Characteristic) 곡선을 그린 뒤 AUC(Area Under the Curve)를 계산한 값을 성능 평가 지표로 사용한다. 그렇다면 지금부터는 ROC 곡선과 AUC를 자세히 알아보겠다.

궁금증 56

ROC 곡선의 x축 값이 의미하는 것은?

ROC 곡선을 예시 데이터를 바탕으로 직접 그려 보자. 우선 ROC 곡선은 그래프 일종으로 x축과 y축이 있다. 이들을 각각 살펴보겠다. ROC 곡선의 x축은 **거짓 양성률**(False Positive Rate, FPR)이라고 하며, 다음과 같이 계산할 수 있다.

$$ROC\ 곡선의\ x축(FPR) = \frac{양성이라고\ 예측된\ 값과\ 실제\ 값이\ 불일치하는\ 샘플\ 수(FP)}{실제\ 정답이\ 음성인\ 샘플\ 수(FP + TN)}$$

이것을 혼동 행렬에서 이해한다면 그림 4-22와 같이 파란색 음영이 표시된 영역이 실제 정답 값이 음성인 총 샘플 수(FP+TN)가 될 것이다. 이 중에서 양성이라고 잘못 예측한 것의 비율이 거짓 양성의 비율이 된다고 볼 수 있다. 즉, 실제로 음성인 샘플 중에서 양성이라고 잘못 예측한 비율을 의미한다.

		실제 값	
		양성(P)	음성(N)
예측 값	양성(P)	참 양성(TP)	**거짓 양성(FP)**
	음성(N)	거짓 음성(FN)	참 음성(TN)

그림 4-22 거짓 양성률을 계산할 때 필요한 값 강조

궁금증
57

ROC 곡선의 y축 값이 의미하는 것은?

ROC 곡선의 *x*축에서는 실제 값이 음성에 대한 이야기였다면, *y*축은 실제 값이 양성에 대한 이야기다. 이번에는 분모가 음성이 아닌 양성이 되고, 실제 정답이 양성인 샘플의 총수가 분모가 된다. 그중에서 실제로 정답을 올바르게 예측한 수의 비율을 **참 양성률**(True Positive Rate, TPR)이라고 한다. 또 다른 이름으로는 **재현율** 또는 **민감도**라고도 한다. 수식으로 표현하면 다음과 같다.

$$ROC\ 곡선의\ y축(TPR) = \frac{양성이라고\ 예측된\ 값과\ 실제\ 값이\ 일치하는\ 샘플\ 수(TP)}{실제\ 정답이\ 양성인\ 샘플(TP+FN)}$$

이번에는 그림 4-23과 같이 실제 값이 양성인 데이터(TP+FN) 중에서 참 양성(TP)인 것의 비율이 y축을 의미한다. y축은 내가 가진 실제 양성인 데이터 중에서 얼마나 양성을 잘 맞추었는지의 비율을 의미하고, *x*축은 내가 가진 실제 음성인 데이터 중에서 얼마나 양성이라고 잘못 예측했는지의 비율을 의미한다. 다시 말해서 *x*축은 잘못된 양성 예측 비율(FPR)이고, *y*축은 올바른 양성 예측 비율(TPR)이라고 볼 수 있다.

		실제 값	
		양성(P)	음성(N)
예측 값	양성(P)	참 양성(TP)	거짓 양성(FP)
	음성(N)	거짓 음성(FN)	참 음성(TN)

그림 4-23 참 양성률을 계산할 때 필요한 값 강조

그러면 이러한 x축과 y축의 값들을 그래프로 나타내면서 보다 AUC에 숨어 있는 직관을 이해해 보자.

앞서 예시에서 언급하지는 않았지만 모델 예측 결과는 0.5를 기준으로 0.5 이상이면 1, 0.5 미만이면 0으로 결과를 예측했다. 하지만 여기에서는 이러한 임계치 기준을 여러 가지로 설정해 보면서 그때마다 ROC 곡선에 포인트를 그려 보자. 우선 다음 그림에서 0.9를 기준으로 0.9 이상의 예측 확률을 가지는 경우에는 1, 그렇지 않으면 0으로 할당했다.

환자 번호	1	2	3	4	5	6	7	8	9	10
실제 분류 결과	1	1	1	1	1	0	0	0	0	0
모델 예측 확률	0.9	0.6	0.7	0.6	0.8	0.1	0.4	0.3	0.1	0.2
모델 예측 결과	1	0	0	0	0	0	0	0	0	0
성능 평가 결과	TP	FN	FN	FN	FN	TN	TN	TN	TN	TN

그림 4-24 임계치 0.9일 때 성능 평가 결과

이때 x축 값인 FPR을 계산하면 다음과 같다.

$$임계치가\ 0.9일\ 때,\ x값\ (FPR) = \frac{FP}{FP + TN} = \frac{0}{0+5} = 0$$

y축 값인 TPR을 계산하면 다음과 같다.

$$임계치가\ 0.9일\ 때,\ y값\ (TPR) = \frac{TP}{TP + FN} = \frac{1}{1+4} = 0.2$$

따라서 이 포인트(0, 0.2)를 그래프에 표시하면 다음 그림과 같다.

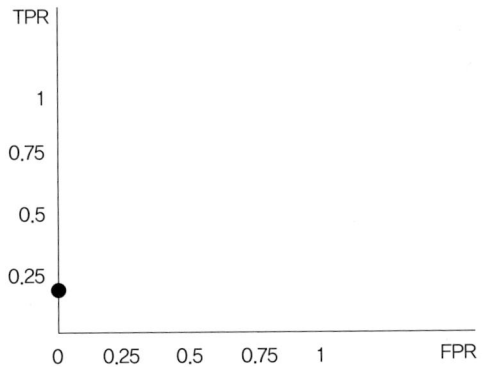

그림 4-25 임계치 0.9일 때 ROC 곡선 그리기

여기에서 임계치를 보다 완화시켜서 0.8이라고 하자. 표로 다시 나타내면 그림 4-26과 같다. 이때 x값과 y값을 앞과 동일한 방식으로 계산하면 해당 포인트는 (0, 0.4)다.

환자 번호	1	2	3	4	5	6	7	8	9	10
실제 분류 결과	1	1	1	1	1	0	0	0	0	0
모델 예측 확률	0.9	0.6	0.7	0.6	0.8	0.1	0.4	0.3	0.1	0.2
모델 예측 결과	1	0	0	0	1	0	0	0	0	0
성능 평가 결과	TP	FN	FN	FN	TP	TN	TN	TN	TN	TN

그림 4-26 임계치 0.8일 때 성능 평가 결과

임계치가 0.8일 때 포인트를 추가하면 다음 그림과 같다.

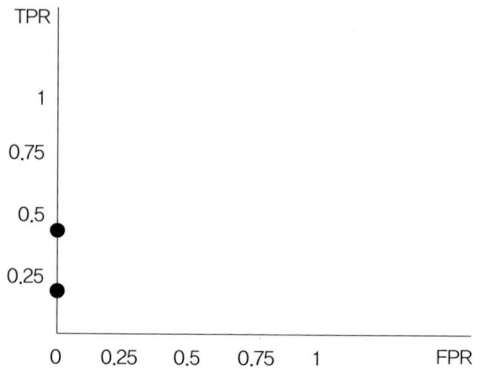

그림 4-27 임계치 0.8일 때 포인트 추가

이와 같은 방식으로 임계치를 바꾸어 가면서 포인트들을 모두 표시하면 다음 그림과 같고, 이때 점들 아래쪽 영역의 면적을 계산한 것이 AUC가 된다. 이 값은 이 통계 모델의 성능을 평가할 수 있는 하나의 지표로 사용할 수 있다. 이 지표는 앞에서도 설명했듯이 분석자가 선택한 임계치에 의존한 결과가 아니라는 장점이 있다.

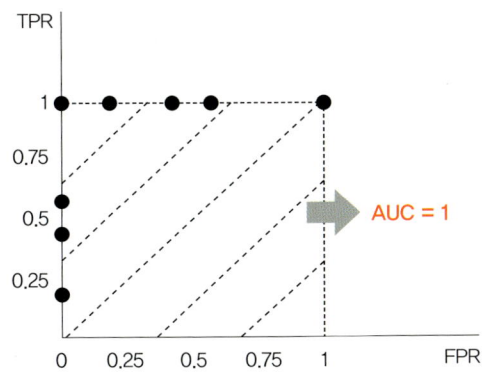

그림 4-28 완성된 ROC 곡선 내에서 AUC 계산 과정

이번 예시에서는 실제 데이터 1과 0에 대해서 1이 단 한 번도 0보다 낮은 확률로 예측된 적이 없기 때문에 굉장히 잘 예측한 모델이라고 볼 수 있다. 따라서 임계치를 바꿀 때마다 단 한 번도 이러한 잘못을 저지른 적이 없어 정확하게 AUC가 1이 나온 것이다. 하지만 실제 데이터가 0인 값에 예측값이 0.8(환자 번호 9번의 모델 예측 확률을 0.8로 변경)이라는 값을 넣어서 다음 그림과 같이 되었다고 하자.

환자 번호	1	2	3	4	5	6	7	8	9	10
실제 분류 결과	1	1	1	1	1	0	0	0	0	0
모델 예측 확률	0.9	0.6	0.7	0.6	0.8	0.1	0.4	0.3	0.8	0.2

그림 4-29 약간 부정확한 모델의 결과 예시

이때 앞과 동일한 과정을 거쳐서 ROC를 그려 보고 AUC를 계산하면 그림 4-30과 같다.

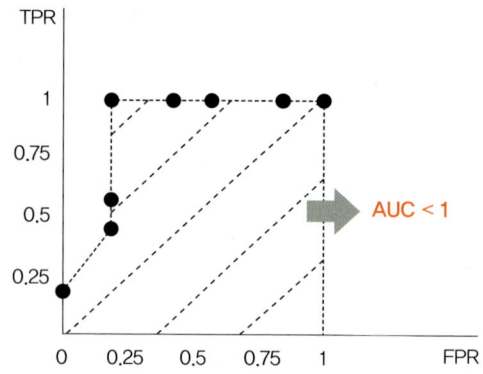

그림 4-30 약간 부정확한 모델의 AUC 계산 과정

이때 그래프를 보면, AUC 영역은 정확한 정사각형에서 훼손된 형태로 AUC가 1보다 작은 값을 가진다는 것을 알 수 있다. x축 의미를 다시 생각해 보면, 이 통계 모델이 얼마나 실제 음성을 양성으로 잘못 예측하는지 알 수 있다. **y축은 실제 양성을 양성으로 정확히 예측하는 비율이다.** 그래서 기본적으로 x축 값은 작을수록 좋고, y축 값은 클수록 좋다. 즉, **ROC 곡선이 좌상단(0, 1)에 가까울수록 좋다.** 임계치가 바뀌어서 x축 값이 증가할 때 y축 값이 충분히 증가하지 않으면 ROC 곡선이 아래쪽으로 이동하여 AUC가 정사각형에서 훼손된 형태가 된다. 결국 약간 부정확한 모델에서는 AUC가 1보다 작은 값이 되는 것이다.

이 문제에서는 음성에서 환자 한 명만 잘못 예측했기 때문에 조금 찌그러진 형태의 ROC 곡선이 나왔지만, 많이 오차가 발생한다면 ROC 곡선은 이보다 더 찌그러질 것이고 AUC 값은 더욱 감소할 것이다. 기본적으로 다음 그림의 그래프처럼 정확히 대각선이 되면 0.5의 면적을 가지면서 말 그대로 랜덤 모델 성능을 보이고, 완벽한 성능을 보이는 모델은 앞서 다룬 예제처럼 $y=1$인 수평선을 보여 면적은 1이 된다. 그리고 **빨간색으로 곡선이 왼쪽 위**

로 갈수록 더욱 좋은 모델이 되고, 파란색으로 곡선이 오른쪽 아래로 갈수록 더욱 나쁜 모델이 된다.

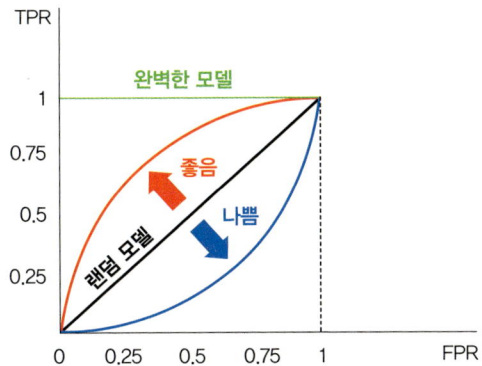

그림 4-31 ROC 곡선에서 모델들의 성능 비교

앞서 예제의 ROC 곡선에서 각 포인트들은 상응되는 임계치 값에서 계산했다. 따라서 하나의 임계치를 정해서 정확도를 계산하여 성능 평가를 하고자 한다면 좌상단에 위치할수록 가장 적절한 임계치가 된다. 이 임계치를 설정한 뒤 성능 평가를 하고자 한다면 다음 그림과 같이 1일 때인 빨간색 포인트로 된 지점에서 임계치를 설정하는 것이 가장 적절하다.

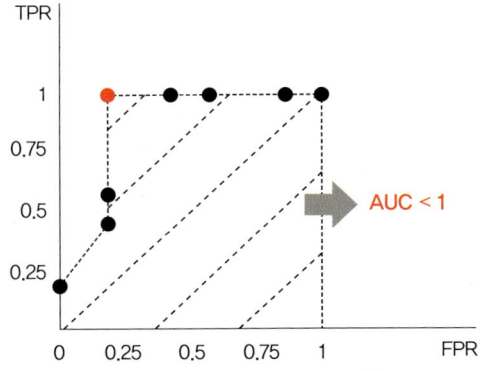

그림 4-32 가장 적절한 임계치 결정 예시

정확도는 사실 데이터의 양성과 음성에 대한 데이터가 균형을 이룰 때 유용한 성능 평가 척도다. 예를 들어 설명해 보자. 이전 예시에서는 실제로 암 환자인 사람과 아닌 사람의 비율이 50:50으로 동일했다. 하지만 20:80으로 바꾸어서 다음 그림과 같다고 가정해 보자. 이때 내가 가진 모델이 그냥 무조건 암에 걸리지 않았다고 하는 성능이 떨어지는 모델이라고 해 보자. 그랬으면 모든 환자에 대해서 암 환자가 아니라고, 즉 0이라고 예측할 것이다. 그러면 모든 예측을 음성이라고 했음에도 참 음성(TN)이 굉장히 많아지는 다음 그림과 같은 표가 될 것이다.

환자 번호	1	2	3	4	5	6	7	8	9	10
실제 분류 결과	1	1	0	0	0	0	0	0	0	0
모델 예측 결과	0	0	0	0	0	0	0	0	0	0
성능 평가 결과	FN	FN	TN	TN	TN	TN	TN	TN	TN	TN

그림 4-33 무조건 한 분류로 예측하는 모델의 결과 예시

여기에서 정확도를 계산하면 8/10=0.8이다. 즉, 80% 정확도를 보이는데, 과연 이 모델은 이 정도 정확도가 있다고 할 수 있겠는가? 무조건 음성이라고 했는데, 이미 정답 자체가 음성이 너무 불균형적으로 많아 정확도가 80%나 나오게 되었다. 이 수치는 모두 음성에서만 그 정확도가 나온 것이기 때문에 한쪽으로 치우친 결과라고 할 수 있다. 그렇기에 이렇게 실제 데이터의 양성과 음성이 불균형적으로 분포되어 있을 때는 다른 성능 지표가 필요하다. 앞으로는 이러한 부분을 이야기할 것이다. 우선 정밀도와 재현율의 개념부터 비교하면서 시작하겠다.

궁금증 58

정밀도 VS 재현율

정밀도는 다른 말로 하면, **양성 예측 값**(Positive Predictive Value, PPV)이라고도 한다. 이 값은 양성이라고 예측된 값 중에서 실제로 진짜 양성인 비율이다. 수식으로 표현하면 다음과 같다.

$$정밀도 = \frac{양성이라고\ 예측된\ 값과\ 실제\ 값이\ 일치하는\ 샘플\ 수}{양성이라고\ 예측한\ 샘플\ 수} = \frac{TP}{TP+FP}$$

그렇다는 것은 정밀도로 우리는 예측을 양성이라고 한 것에 대해 얼마나 양성이라고 잘 예측을 했는지 측정할 수 있다. 결국 정밀도는 양성에 대한 성능 평가다. 그런데 나머지 지표인 재현율도 양성에 대한 성능 평가 지표인데, 다른 점이 있다면 분모가 다르다는 것이다. 다시 한 번 재현율(앞에서는 참 양성률(TPR)이라고 했다) 수식을 가져와 보자. 다음 재현율 수식을 정밀도 수식과 비교하면, 분자는 동일하게 참 양성의 샘플 수라는 것을 알 수 있다. 하지만 분모는 서로 다르다.

$$재현율 = \frac{양성이라고\ 예측된\ 값과\ 실제\ 값이\ 일치하는\ 샘플\ 수}{실제\ 정답이\ 양성인\ 샘플\ 수} = \frac{TP}{TP+FN}$$

이것을 다음 예시에서 살펴보면 좀 더 감이 올 것이다. 다음 표에서 파란색 음영으로 된 부분이 의미하는 것은 환자 중에서 실제로 암에 걸린 환자들에 해당한다. 초록색 음영으로 된 부분이 의미하는 것은 내가 사용한 모델이 암에 걸린 환자라고 예측한 환자들이다. 그럼 실제로 암 환자이면서 내가 한 예측에도 맞는 교집합 영역을 보면 TP가 된다. 이것이 분자가 되고, 초록색 음영에 해당하는 부분(정밀도의 경우) 또는 파란색 음영에 해당하는 부분(재현율의 경우)이 분모가 된다. 따라서 양성 성능은 **예측된 것 중에서 얼마나 잘 맞혔는지 평가할 수 있는 정밀도와 실제로 양성인 데이터 중에서 내가 가진 모델로 예측하여 실제를 얼마나 잘 재현했는지 평가할 수 있는 재현율로 평가한다.**

환자 번호	1	2	3	4	5	6	7	8	9	10
실제 분류 결과	1	1	1	1	1	0	0	0	0	0
모델 예측 결과	0	0	1	1	1	1	1	0	0	0
성능 평가 결과	FN	FN	TP	TP	TP	FP	FP	TN	TN	TN

그림 4-34 정밀도와 재현율 계산 과정을 비교하는 예시

궁금증 59

양성과 음성이 불균형한 데이터는 어떻게 평가해야 하나?

양성과 음성의 비율이 잘 균형 잡힌 데이터에서 임계치를 사용하여 성능 평가를 할 때 정확도를 사용하면 되고, 임계치를 사용하지 않을 때는 ROC 곡선을 그려서 AUC를 계산함으로써 성능 평가를 하면 된다. 양성과 음성의 비율이 불균형한 데이터의 경우 여기에 임계치를 사용하면, 앞서 설명한 정밀도와 재현율을 이용해서 성능 평가를 할 수 있다. 그런데 이 둘은 성능 측면에서 약간씩 다른데, 본인이 다루고 있는 데이터 특징에 맞게 그 지표를 잘 선택하면 된다.

예를 들어 지금까지 다룬 암 환자를 진단하는 것에 대한 문제를 생각해 보자. 이 경우에는 실제로 암 환자임에도 이를 잘못 예측하여 암이 없다고 진단을 내리면, 이 환자는 이후에 적절한 치료를 받지 못하고 사망에 이를 수 있다. 반면에 암 환자가 아니지만 잘못 진단을 하는 경우에는 잠시 정신적인 문제가 있을 수는 있어도 암 환자에게 암 환자가 아니라고 진단한 것보다는 위험도가 상대적으로 적다. 이 경우에는 **실제 양성인 샘플 중에서 실제로 양성이라고 잘 예측한 비율인 재현율이 더욱 적합한 성능 평가 지표가 된다.**

반면에 스팸 메일인지 아닌지 분간하는 문제를 생각해 보자. 이때 스팸이라고 판단하는 것이 양성이라고 하자. 실제로는 스팸 메일이 아닌데, 스팸 메일이라고 판단해 버리면 중요한 이메일을 무시할 가능성이 있기 때문에 **양성이라고 예측된 것 중에서 실제로 양성을 얼마나 잘 가려냈는지 측정할 수 있는 정밀도가 더욱 중요한 지표가 된다.**

또는 이 두 가지 효과를 모두 합친 F1 스코어라는 값으로 성능 평가를 할 수도 있다. F1 스코어는 다음과 같이 정밀도와 재현율에 대한 조화 평균값으로 두 지표를 함께 고려하여 불균형한 데이터 성능을 평가하는 지표로 사용할 수 있다.

$$F1\ 스코어 = 2 \times \frac{정밀도 \times 재현율}{정밀도 + 재현율}$$

따라서 양성을 평가하는 데 정밀도와 재현율에서 고려할 수 있는 두 가지 측면을 모두 감안한 성능 평가가 필요할 때 F1 스코어를 사용한다.

어찌 되었든 지금까지 내용을 잘 생각해 보면, 결국 **불균형 데이터는 양성에만 집중하여 그 성능을 평가한다.** 따라서 양성과 음성의 라벨을 임의로 바꾸면 엉터리로 성능이 평가될 수 있다. 여기에서 가정하고 있는 것이 있는데, 양성이 음성보다 적은 수의 소수여야 한다는 것이다. 보통 암을 진단한다고 했을 때 양성이 암이 될 확률이 높고, 뭔가 문제가 있거나 특이한 것이 양성이 될 확률이 높기 때문에 양성을 기준으로 이러한 평가 지표를 만들었다고 보면 된다.

하지만 본인 데이터에서 양성 정보가 중요하지 않거나 소수가 아닐 때, 양성과 음성을 서로 바꾸어서 분석한 결과도 비교하면 데이터를 제대로 분석하는 데 도움이 된다. 이렇듯 기본적으로 가정하는 형태가 양성이 소수이면서 더욱 중요한 정보를 준다고 보는 부분이 있다는 것을 고려하고 정밀도와 재현율, F1 스코어를 사용하면 좋겠다.

지금까지는 불균형 데이터에서 임계치를 설정한 뒤 성능 평가를 하는 데 필요한 성능 평가 지표로 정밀도, 재현율, F1 스코어가 있다는 것을 알아보았다. 지금부터는 임계치를 설정하지 않고 성능 평가를 하는 방법을 알아보겠다.

균형 잡힌 데이터와 마찬가지로 여기에서도 ROC 곡선과 비슷한 것을 그릴 텐데, 정밀도(precision)와 재현율(recall)로 이 곡선을 그리기 때문에 **PR-ROC(Precision Recall-ROC) 곡선**이라고 한다. ROC 곡선에서도 y축인 TPR(재현율)은 동일하게 사용되지만, PR-ROC 곡선에서는 y축이 아닌 'x축'으로 사용된다. ROC 곡선에서 x축 값으로 사용된 FPR은 여기에서는 사용하지 않고 다른 척도인 '정밀도'를 사용한다. PR-ROC 곡선을 그리는 방법은 ROC 곡선과 거의 동일하게 임계치 값을 바꾸어 가면서 x축 값과 y축 값만 다르게 하여 포인트를 찍으면 되기 때문에 자세한 예시는 생략하고 전반적인 해석의 방향성만 다음 그림과 함께 소개하겠다.

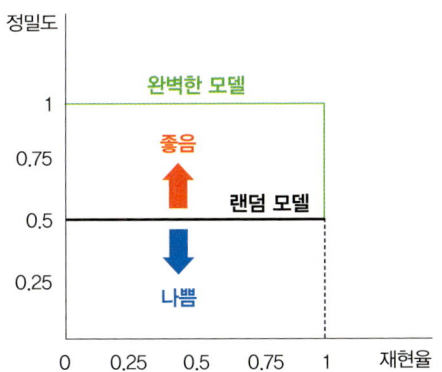

그림 4-35 PR-ROC 곡선에서 모델들의 성능 비교

그림 4-35를 보면 랜덤 모델은 y축이 0.5에서 수평선을 의미하는데, 아래 면적이 PR-AUC가 되고 이 값은 0.5가 된다. 랜덤 모델에서 y축이 0.5가 된 경우는 양성과 음성의 비율이 1:1로 동일할 때고, 이 비율이 바뀌면 이 값도 그에 따라서 바뀌어야 한다. 즉, 양성이 전체에서 차지하는 비율이 y축에 오게 된다. 예를 들어 1:3으로 양성과 음성의 비율이 되어 있다면 1/4=0.25에서 수평선이 될 것이다.

그리고 이 랜덤 모델보다 더 위에 곡선이 생기면 더욱 성능이 좋은 모델이고, 아래로 생기면 성능이 나쁜 모델이다. 가장 이상적인 완벽한 모델은 y축이 1에서 수평선이며, PR-AUC가 1인 초록색 실선이다.

지금까지 이진 분류 문제에서 성능 평가를 하는 방법을 다루었는데, 이를 간단하게 정리하면 다음 그림과 같다.

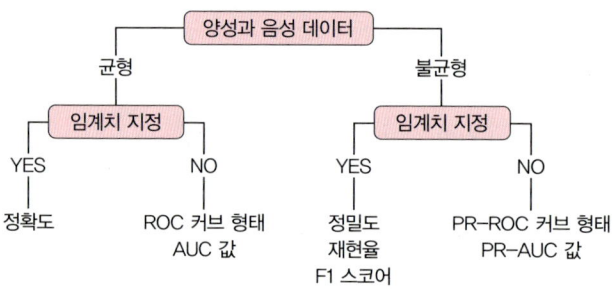

그림 4-36 이진 분류 문제에서 성능 평가를 하는 방법의 분류표

분류표를 바탕으로 앞서 설명한 내용들을 정리하고, 이해하지 못한 부분은 다시 돌아가 여러 번 반복해서 읽길 추천한다. 자신이 갖고 있는 데이터에 따라 어떤 성능 평가 방법을 선택할 것인지 잘 결정하여 실제로도 잘 적용할 수 있길 바란다.

찾아보기

ㄱ

가설 검정 177
거짓 양성률 245
고차원 데이터 055-056
공변량 047
과적합 173
관측 데이터 042
교란자 037
귀무가설 179
그룹 191
기댓값 084
기술 통계 016
기하평균 088

ㄴ

노름 073

ㄷ

다변량 다중 선형회귀 225
다변량 단순 선형회귀 224
다변수 선형회귀 224
다운샘플링 170
다중 선형회귀 224
단봉분포 103
단순 랜덤 샘플링 163
단순 선형회귀 223

단측 검정 024, 186
대립가설 179
대조군 040
데이터 018
데이터 정규성 102
데이터 프레임 061
등분산성 229

ㄹ

라쏘 069
로그 변환 104
로그-정규분포 106
리샘플링 160
릿지 069

ㅁ

매개변수 038
머신러닝 032
무작위 대조 시험 039
민감도 247

ㅂ

배치 효과 095
베르누이 분포 128

베이지안 024
분산 020
분산 안정화 변환 112
분포 020
불편 추정량 149
붓스트랩 173
비지도학습 075
비확률 샘플링 162

양의 상관관계 035
양측 검정 186
언더플로우 141
업샘플링 170
엘라스틱넷 073
역수 변환 104
오류 행렬 240
오버플로우 142
오차 216
왜도 020
우도 127
음의 상관관계 035
이표본 t-검정 191
이항 검정 182
인과관계 034
일표본 t-검정 190

ㅅ

사건 124
사전확률 137
사후확률 137
산술평균 088
상관계수 121
상관행렬 121
샘플 공간 124
샘플링 160
선형 모델 029
선형회귀 분석 198
수학적 확률 078
순서형 데이터 233
실험군 040
심슨의 역설 043

ㅈ

잔차 218
잔차제곱합 070, 072
재현율 247
전진 선택 065-066
정규분포 029, 081
정규성 변환 102
정규화 092, 095
정규화 기법 069
정량적 데이터 232
정성적 데이터 232
정확도 242

ㅇ

양성 예측 값 255

제곱근 변환 104
조작 변수 095
종속 변수 095
주성분 분석 074
중심극한정리 081
중앙값 017-018
짝의 t-검정 195

ㅊ

차원 055
차원의 저주 055
참 양성률 247
첨도 022
초과첨도 022
최대사후확률추정 024
최대사후확률추정 방법 137
최대우도추정 024
최대우도추정치 136
최빈값 017, 019
최빈값 왜도 계수 021
최적 부분집합 선택 064
추론 통계 016, 022

ㅋ

큰 수의 법칙 078

ㅌ

통계량 023
통계적 확률 078
통제 변수 095
특징 스케일링 092

ㅍ

판단 샘플링 167
편차 216
평균 017, 087
평균절대편차 020
포아송 분포 030
표준오차 220
표준편차 020, 220
표준화 092, 100

ㅎ

행렬 061
혼동 행렬 240
확률 124
확률론 026, 030
확률 샘플링 161
확률질량함수 126
회귀 분석 198
후진 제거 065-066

A
average 088

M
mean 087

P
Precision Recall-ROC 259
PR-ROC 259
p-value 181

Q
Q-Q 플롯 109

R
ROC 곡선 245